AF204924

«Hierauf verlor die Radfahrerin das Übergewicht und kam zu Fall.» «Die Antragstellerin hatte mit Herrn Schmöller eine ausgesprochene Liebesbeziehung, bis es zur Heirat kam.» «Ich habe noch viel an den Fiasko zu zahlen.»

Die juristische Sprache ist in ihrer ernsthaften Genauigkeit oft schon absurd genug. Wenn dann noch sprachliche Fehlleistungen dazukommen, sind juristische Schriftsätze, Polizeiberichte oder Eingaben von Bürgern eine unschätzbare Quelle kurioser Formulierungen. In seiner launig präsentierten dritten Sammlung stellt Wilfried Ahrens erneut die groteskesten und witzigsten juristischen Stilblüten vor: von der «Verordnung zur Änderung der Verordnung zur vorübergehenden Änderung der Verordnung» über den Angeklagten, der «in Bekleidung seiner Frau» erschien, bis zu dem Schuldner, der «mitteilt, er sei unbekannt verzogen».

Dr. Wilfried Ahrens war bis 2016 Oberstaatsanwalt bei der Staatsanwaltschaft Göttingen. Bei C.H.Beck sind von ihm die erfolgreichen Sammlungen juristischer Stilblüten erschienen: *Der Geschädigte liegt dem Vorgang bei* ([7]2010), *Der Unfallort hat sich bereits entfernt* ([4]2007), *Der Polizist rettete sich durch einen Seitensprung* ([3]2019), *Der Angeklagte trägt die Kisten des Verfahrens* (2010) und *In dubio torero* ([3]2021).

Wilfried Ahrens

Der Angeklagte erschien in Bekleidung seiner Frau

Die neuesten juristischen Stilblüten

C.H.Beck

1. Auflage in der Beck'schen Reihe. 2005
2., durchgesehene Auflage. 2006
Limitierte Sonderauflage. 2009
3. Auflage in C.H.Beck Paperback. 2020

4. Auflage in C.H.Beck Paperback. 2023
© Verlag C.H.Beck oHG, München 2005
www.chbeck.de
Gesamtherstellung: Druckerei C.H.Beck, Nördlingen
Umschlaggestaltung: geviert.com, Michaela Kneißl,
unter Verwendung von Motiven von Shutterstock
Printed in Germany
ISBN 978 3 406 80236 2

Inhalt

Vorwort

Die Juristensprache sei der Stammesdialekt der Eingeborenen des Paragraphendschungels, so hat es mal jemand umschrieben. Und da ein Dschungel bekanntlich heftig sprießt und wuchert, treibt er auch manche Blüte, Stilblüten in unserem Fall.

Das ist einmal mehr unser Thema, und wir wollen dabei nicht nur dem Stammesvolk aufs Maul schauen, etwa wenn es die Trommel rührt und Gericht abhält, sondern auch all den Fremden, die in diesem Dschungel umherirren oder sich verfangen haben in den Tentakeln der §§. Mutig aufgebrochen, auf der Suche nach dem Glück des Gerechten die einen, andere schlicht dorthin verschleppt, ausgesetzt in der Wildnis, wieder andere abgekommen vom rechten Pfad, Ertappte der Dschungelwächter und noch andere, längst im Dschungelkäfig schwitzend. Sie alle wollen wir erleben in ihrem Bemühen, mit diesem verflixten Eingeborenendialekt zurechtzukommen, sich Gehör zu verschaffen im Kral des Rechts. Und der Dschungel, das darf ich schon andeuten, er wird aufblühen ...

Wieder waren es diese ausgesprochen angenehmen Zeitgenossen mit Sinn für Humor und Spaß am Wortspiel, die mir so manche Stilblüte zusteckten. Allen gilt mein herzlicher Dank, namentlich dem Leitenden Oberstaatsanwalt i. R. Walter Reimann, der mir eine Reihe von Stilblüten überließ, die aus seiner Zeit als Chef der Göttinger Anklagebehörde stammen, wovon besonders das Kapitel «Moral» profitiert.

So, nun aber los, rin ins Vergnügen!

Wilfried Ahrens

1. Aperitifs

Mit einem bunten Mix möchte ich Sie auf den Geschmack bringen.
Wer kennt das nicht: Die Termine wachsen uns über den Kopf,
und die Zeit galoppiert förmlich davon.

Sehr geehrter Herr Staatsanwalt,
Ihre Anfrage habe ich erhalten. Da ich unmittelbar vor dem An-
ritt meines Urlaubs stehe, kann ich das Gutachten frühestens
Ende August erstatten.

Manch ein Urlaubstraum zerplatzt durch die Habgier betrügeri-
scher Reiseanbieter, was besonders die hart trifft, die ohnehin
schon nicht auf Rosen gebettet sind.

Ich erstatte hiermit gegen dieses Reiseunternehmen Strafanzeige
wegen Betrug, versuchter Geldunterschlagung und Körperver-
letzung aufgrund der Aufregungen, die ich dadurch hatte, daß
man mich abzocken wollte hintendrein, und wegen sofortiger
Unterlassung und Belästigung meiner Person aufgrund meines
dreckigen Lebens, das ich schon seit Jahren führen muß.

Der couragierten Anzeige einer bereits auf die Sechzig zustre-
benden Dame verdanken wir Hinweise auf immer bizarrer an-
mutende Kriminalitätsformen im Internet.

Hiermit möchte ich den Halter des hellen älteren Wagens mit der
Nr. ... anzeigen, weil er mich am Sonntag gegen 17.30 Uhr vor
dem Imbiß mit meinem Hund im parkenden Auto unerlaubt
fotografierte. Als ich es bemerkte und aussteigen wollte, um ihn
zur Rede zu stellen, fuhr er schnell weg. Der Mann hatte ein ova-
les Gesicht, schwarzgraumelierte Haare und einen schwarzgrau-

melierten Vollbart. Er trug eine Sehbrille. Bekleidet war er mit einem grauweiß- bzw. graubeigekarierten Hemd. Mehr konnte ich nicht erkennen, da er aus dem Autofenster von der gegenüberliegenden Straßenseite aus fotografierte.
Da ich diesen Herrn weder kenne noch weiß, was er mit Fotos von mir anstellt – Fotomontage und so weiter –, ist es für mich sehr wichtig, daß Sie sich um diesen Fall kümmern. Ich möchte nicht, daß mein 94jähriger Vater im Internet meinen Kopf auf einem nackten fremden Körper sieht. Und ein Mensch, der sich nicht zur Rede stellen läßt, ist für mich von vornherein schon nicht ganz sauber.

Immerhin liefert uns dieser Kriminalfall die Erkenntnis, daß auch betagte Senioren noch ein vitales Interesse an den neuen Medien zu entwickeln vermögen. Entscheidend ist offenbar die richtige Internet-Kost.

In einer Zeit, in der uns mehr und mehr die Computer das Denken abnehmen, kann die Leistung des Menschen, soweit er im Einzelfall selbst noch einmal Hand anlegen muß, gar nicht hoch genug bewertet werden.

Mitteilung des Bundeszentralregisters in einem Ermittlungsverfahren:

Eine Auskunft kann z. Zt. nicht automatisch erteilt werden, weil zunächst eine intellektuelle Bearbeitung durch Bedienstete der Registerbehörde notwendig ist.

Und der Mensch als solcher? Angesichts von Automation und Anonymität sehnt er sich mehr denn je nach Einzigartigkeit. Aktenübersendung der Polizei ...

... mit folgendem Vermerk zum Namen der Bianka Schiller:
Laut Personalausweis schreibt sich die Bianka mit «k», Frau Schiller unterschreibt jedoch immer Bianca mit «c» (als individuelles Merkmal, gab mir Frau Schiller dazu an).

Kein Wunder, wenn Grundrechte ganz neue Interpretationen erfahren. In einer öffentlich-rechtlichen Examensklausur hieß es:

Das Grundrecht auf Versammlungsfreiheit dient dem Schutz vor Vereinsamung.

Wer schwärmte da nicht gern mal von den guten alten Zeiten.

Die Konkursordnung von 1877, das wohl gelungenste der Reichs-justizgesetze, war schon kurze Zeit nach ihrem Inkrafttreten Gegenstand erster Reformbemühungen.

(aus dem Gesetzentwurf der Bundesregierung – Entwurf einer Insolvenzordnung, BT-Drucksache 12/2443, S. 102)

Nichts hat eben Bestand, vieles ist im Fluß. Übrigens auch auf dem Fluß:

**Verordnung
zur Änderung der Verordnung
zur vorübergehenden Änderung der Verordnung
über die Beförderung gefährlicher Güter auf dem Rhein**
(Bundesgesetzblatt I 1972, 947)

Passé auch die Zeiten, da unser Strafgesetzbuch mit seinem ge-fürchteten § 48 uneinsichtigen Rückfalltätern hart auf die langen Finger klopfte. Im Ernstfall setzte es selbst für einen Tulpen-diebstahl mindestens sechs Monate Freiheitsstrafe. Für Plädoy-ers der Staatsanwaltschaft ein geradezu maritimer Zustand.

Der § 48 steht wie ein Leuchtturm in der Brandung! Da kann die Verteidigung dagegen anplätschern, so viel sie will.

Januar 2002. Die heiße Phase der Währungsumstellung. Weil die Angeklagte inzwischen verdiente, war in der Berufungsver-handlung statt der jugendrichterlichen Arbeitsweisung eine ent-sprechende Geldauflage zu diskutieren. Der Staatsanwalt – die (Geldwert-)Zeichen seiner Zeit noch nicht erkennend – führte im Plädoyer seine Umrechnung in D-Mark vor, korrigierte auf Hinweis des Vorsitzenden zwar in Euro, um kurz darauf schon wieder von D-Mark zu sprechen.

«Also, was nun: D-Mark oder Euro?» wollte der Vorsitzende wissen. «Das ist für die Kammer schon wichtig.»

«Euro», beteuerte der Staatsanwalt.

Daß aber auch beim Vorsitzenden der Groschen noch nicht gefallen war, verriet seine mündliche Urteilsbegründung:

Die Angeklagte soll hier in Mark und Pfennig spüren, daß sie Unrecht getan hat, und deshalb 400 Euro zahlen.

Allemal besser als dieses Ansinnen an die Staatsanwaltschaft:

Betr.: Strafe als Ratten bezahlen

Noch ist die letzte Rechtschreibreform nicht verdaut, da meldet sich die Justiz zu Wort und führt uns mit einem bemerkenswerten Gespür für weiteren Regelungsbedarf vor, wie sich unser Schriftdeutsch modernem sprachlichen Schliff anpassen ließe.

Sehr geehrte Dame! Sehr geehrter Herr!

Es wird gebeten um

☒ Übersendung der Akten

☐ Kenntnisnahme

☐ Sachstandsmitteilung

Selbst der rechtsuchende Bürger beeindruckt mit Reformvorschlägen.

Die Reschärsche sowie das Urteil in dieser Angelegenheit ist für mein dafürhalten falsch.

Stilistisch in eher traditionellen Bahnen und dennoch innovativ denkt die Polizei, wenn sie den altbewährten Formulierungen des Gesetzgebers mehr Geltung verschafft, etwa jener Wendung, die wir bislang nur aus dem Nötigungs- und Erpressungstatbestand kannten, wo von der Drohung mit einem «empfindlichen Übel» die Rede ist.

Anzeige wegen Beleidigung und Körperverletzung:

Die Geschädigte wurde vom Beschuldigten in übelster Weise beleidigt. Ferner wurde sie zweimal von ihm bespuckt, was ein empfindliches Übel in ihr herbeiführte.

Aber trotz Fortschrittlichkeit auf allen Ebenen, es gibt wohl keinen vernünftig denkenden Bürger, dem im Traum einfiele, seine Verwaltung könne neuerdings hellsehen.

Aus einer Rechtsbehelfsbelehrung:

Es wird empfohlen, den Widerspruch zu begründen und einen bestimmten Antrag zu stellen.
Begründen Sie Ihren Widerspruch nicht, so ist hiermit kein rechtlicher Nachteil verbunden. Ich weise aber darauf hin, daß bei fehlender Begründung die jeweils zuständige Behörde bei Prüfung der Recht- und Zweckmäßigkeit des Verwaltungshandelns nicht in der Lage ist, Ihre nicht mitgeteilten Gründe für die Einlegung des Widerspruchs zu berücksichtigen.

Da auch sie keineswegs hellseherisch begabt war, kämpfte eine Bürgerin mit einer Klage vor dem Verwaltungsgericht nicht nur gegen allerlei Konkretes an, sondern ausdrücklich auch

gegen sonstiges, was ich nicht weiß.

Zum Schluß wollen wir den Paragraphendschungel einmal verlassen und uns der «Waldeslust» zuwenden, wie sie schon im deutschen Lied besungen wird. Daß auch im polnischen Forst manch üppige Vergnügung wartet, bewies dieses Schreiben einer (holz-)einschlägigen Firma:

In Polen beschäftigen wir über 600 Waldarbeiter und Forst-
ingunere und Forsttechniker. Wir haben viel Busen, PKW und Röck-
fahrzeuge s.g. Rückmaschine. Alle Verträge realisiren wir gut
und Rechtzeitig.

DYREKTOR

Przedsiebiorstwa Produkcyjno-Uslugowego

2. Der Bürger und seine Justiz

Der wirklich engagierte Bürger erwartet von seiner Staatsanwaltschaft nicht nur eine Verinnerlichung all seiner Eingaben bis ins i-Tüpfelchen, er erwartet auch, daß sie seiner Meinung ist; anderenfalls beschwert er sich beim Justizminister.

Nachdem die Staatsanwältin bei der Fülle nachgewiesener richterlicher Rechtsbeugungen keine tatsächlichen Anhaltspunkte zu finden vermag, lautet meine Empfehlung, die Staatsanwältin nachzuschulen oder zum Optiker zu schicken.

Klagen dieser Art wären gewiß seltener, würde bereits die Referendarausbildung so ernst genommen, wie dieses Zeugnis nahelegt:

Sonstige Bemerkungen:
Große Nervosität und Kurzsichtigkeit am Anfang wichen schließlich weitgehend richtiger Arbeit.

Bei näherem Hinsehen sollte es wohl «Unsicherheit» heißen.

Nicht nachlassen und Flagge zeigen, so lautet die Devise derer, die etwas erreichen wollen.

Wie schon angekündigt, werde ich grundsätzlich immer jedes Rechtsmittel einlegen! Ich werde wie der letzte Mann am 8. Dezember 1914 auf dem Kreuzer Leipzig mit dem untergehenden Schiff die Fahne unpolitisch = weder rechts noch links, nur als Erwerbsunfähigkeitsrentner, hochhalten! Das ist mir meine Frau und mein Leben wert!

An Hilfsmitteln zur richtigen Bewertung eines angezeigten Sachverhalts fehlt es nicht. Neben Gesetzen, Kommentaren, Entscheidungssammlungen oder beispielsweise auch so etwas wie dem gesunden Menschenverstand kann den ausschlaggebenden Hinweis vielleicht sogar der Anzeigeerstatter selbst beisteuern. So endete eine Anzeige mit den Worten:

Ich habe hier wahrheitsgemäß und auch glaubhaft dargestellt.

Ein anderer empfahl sich selbst, deutete aber gewisse Vorerfahrungen an:

Gern stehe ich zur Beweisgebung für meine Vorwürfe einem akkuraten Beamten zur Verfügung. Es wäre von Vorteil, wenn Herr Oberstaatsanwalt Schmidt nicht federführend wäre.

Und noch jemand versprach tapfer:

Ich versichere Ihnen vorweg, daß die hier folgenden, von mir gemachten Aussagen der vollen Wahrheit entsprechen. Ich würde jeden Meineid darauf schwören.

Eine kritische Begleitung ihrer Arbeit erfährt die Justiz aber nicht nur von Anzeigeerstattern, sondern auch vom mündigen Täter. Bemängelt wird hier vor allem der verschwenderische Umgang mit wertvoller Arbeitskraft.

Sehr geehrte Staatsanwälte,
die Anklageerhebung war nicht nötig, die jetzt anberaumte Hauptverhandlung vor dem Strafrichter beim Amtsgericht ebenfalls nicht.
Ich bitte um Einstellung der Hauptverhandlung.

Ein anderer schrieb:

Ich habe zur Abwehr dieses pöbelhaften und charakterlosen Strafbefehls einen Rechtsanwalt beauftragt.

Empörung pur also, zumal die Person des amtierenden Richters Erinnerungen an gemeinsame Kindheitserlebnisse weckte:

Früher haben wir beide mit unseren Vätern im Wald die Weihnachtsbäume mit dem Beil «gekauft».

Unverständnis auch in Akademikerkreisen:

Es kann nicht sein, daß ein Mensch, der in seinem Leben immer das Bestreben hatte, über 50 Jahre als erfolgreicher Zahnarzt in seiner eigenen Praxis tätig gewesen zu sein, nie wegen einer Sache vor Gericht gestanden zu haben.

Richtig prekär wird es, wenn sich die Justiz sanktionslüstern schon mal nach den Einkommensverhältnissen erkundigt.

Wenn Sie nach meiner Nettorente fragen, dann wäre es auch wissenswert, wie dieser Anspruch entstand, nämlich durch 40 Jahre lange und harte Arbeit, aus der der rechtliche Rentenanspruch hergeleitet wurde – und der Aufbau des Anspruchs begann zu einer Zeit, als meine geistigen und körperlichen Kräfte auf den Kriegsschauplätzen Europas ausgemergelt waren. Und keine Scham wird heute die Hände dieses Staates davon abhalten, einen kräftigen Schluck für die gierigen Kehlen aus der Lebensflasche (Rente) dieser alten Menschen zu tun.

Manchmal ist es übrigens nur ein einziger vertippter Buchstabe, der einer entrüsteten Eingabe erst so richtig Effet verleiht.

Nein, Herr Richter, das kann doch nicht deutsche Rechtsbrechung sein!

Wie übel ihm von der Justiz mitgespielt worden war, wußte eindrucksvoll dieser Angeklagte zu belegen. Das Hauptverhandlungsprotokoll hielt die skandalösen Einzelheiten fest.

Der Angeklagte erklärte zur Sache:
Ich wurde von der Staatsanwaltschaft zuerst beleidigt. Ich bekam ein Schreiben von der Staatsanwaltschaft, in dem stand: «vergammelter Kleinknecht, komm zur Staatspolizei».
Der Angeklagte legte das Schreiben der Staatsanwaltschaft dem Gericht vor. Der Vertreter der Staatsanwaltschaft las die betreffende Stelle wie folgt: «vergleiche Kleinknecht, Kommentar zur Strafprozeßordnung ... » Diese Stelle war im Schreiben

folgendermaßen abgekürzt: «vgl. Kleinknecht, Komm. zur StPO...»

Theodor Kleinknecht war über lange Jahre Bearbeiter des für die Praxis einschlägigen StPO-Kommentars.

Wenn es einen Angeklagten besonders heftig erwischt hat, kann er selbst bei groben Ausfälligkeiten auf Nachsicht beim Gericht hoffen, zumal wenn er seine Seelenlage so ungeniert offenbart:

Daß es überhaupt zu dieser Reaktion kam, entschuldigt vielleicht mein seit dem 8. Januar, 14.42 Uhr verwirrter Geist, als ich mich nach dem mir möglichen Blick in die Augen der Frau Staatsanwältin an der Tür des Gerichtssaales von einer Sekunde auf die andere in diese verliebte. Bedingt durch die Hoffnungslosigkeit, wurde die Justiz generell zu einem imaginären Feindbild, wodurch es wohl zu dieser irrationalen Aktion gekommen ist.

Wen wundert da, daß die rosarote Brille dieses Liebenden bereits beachtliche Jura-Dioptrien aufwies.

Sicher mag dies nicht entschuldigen. Bedenken Sie aber bitte, daß Menschen mit einem in dieser Art verwirrten Geist Schlimmeres tun, z. B. heiraten. Wobei sich mir die Frage aufdrängt, ob es sich dann um einen Motiv- oder einen Tatbestandsirrtum handelt?

Eine statistische Erfassung dürfte sich zwar nicht anbieten, aber es gibt sie tatsächlich: Angeklagte, die von Einzelleistungen der Justiz geradezu angetan sind. So schrieb ein in erster Instanz noch wegen Betruges verurteiltes Ehepaar zum Ausgang seines Berufungsverfahrens:

Wir haben einen Richter gehabt, der die Sache durchschaut hat. Freispruch. Unser Herr Gott soll diesen Richter immer begleiten, denn er weiß, was Recht ist.

Den Zivilprozeß mit Pauken und Trompeten verloren und dennoch voll frommer Wünsche für die gewieft taktierende Gegenseite, das nenne ich selbstlos.

Ich gehe davon aus, daß so integere Menschen wie Rechtsanwalt Winkel und sein Mandant in den Himmel kommen. Dort können sie dann von ihren hehren Taten auf Erden berichten.

Manch ein Bürger fragt sich, ob die Justiz die Konsequenzen ihrer Entscheidungen wirklich immer durchschaut.

Was bringen die Gerichte nur für Urteile hervor! Da tötet ein Mann seine junge Frau und schmeißt sie dann aus dem Fenster auf die Straße. Der Totschläger bekommt acht Jahre, ist danach ein freier Mann. Was aber mußte diese Frau aushalten, und am Ende ist sie ihr Leben lang tot.

Hat ihn erst einmal Desillusion gepackt, verschmäht ein Staatsanwalt auch das Naheliegende.

Vom Zeugen Ehrlich erwarte ich mir – trotz seines Nachnamens – keine weitergehende Aufklärung mehr.

Zum Glück gibt es gewitzte Anzeigeerstatter, die auf die Sprünge helfen.

Sollte sich im Laufe der Ermittlungen herausstellen, daß wider Erwarten doch die Heinzelmännchen als Täter in Betracht kommen, bitte ich um schonungslose Fortsetzung der Ermittlungen in diese Richtung.

Wenn da nur nicht diese prosaisch eingestellte Generalstaatsanwaltschaft wäre.

Unvernünftige und dem Gebot jeder Verhältnismäßigkeit widersprechende Ermittlungen werden nicht geführt.

3. Vor Gericht

Zwar urteilen Richter getreu ihrem Diensteid «ohne Ansehen der Person», hier bewies jedoch ein Jugendrichter, daß er sich den Angeklagten sehr wohl sehr genau beguckt hatte. Über einen 19jährigen, der sich zu Hause von seiner Mutter nur von vorn und hinten bedienen und versorgen ließ, ohne selbst an Ausbildung oder Beschäftigung zu denken, hieß es:

Ein guter Appetit, dem kein Regulativ in Form körperlicher Anstrengung gegenübersteht, sicherlich aber auch ein entsprechender Durst, haben das äußere Erscheinungsbild des Angeklagten geformt. Er wirkt fett und aufgedunsen und bietet rundum ein für sein Alter ungewöhnliches Erscheinungsbild. Als kennzeichnendes Beispiel hob der Vertreter der Jugendgerichtshilfe hervor, daß die Mutter nichts dagegen hat, wenn der Angeklagte sich hinsetzt und 1 Kilo Aufschnitt auf einmal verzehrt. Einzelheiten über seine Trinkgewohnheiten hat der Angeklagte in der Hauptverhandlung selbst beigesteuert, indem er angab, daß er oftmals an einem Abend mehrere Liter Bier zu sich nehme.

Die durch die erwähnten Eß- und Trinkgewohnheiten bewirkte äußere Erscheinung des Angeklagten läßt sich am besten mit der Formulierung eines quallig und unästhetisch wirkenden Dickwanstes umschreiben.

Doch trotz gewichtiger Bedenken beileibe noch kein schwerer Junge, der mit seinen kriminellen Pfunden wucherte.

Experten warnen, gefährdet seien vor allem jene jungen Menschen, die plan- und ziellos in den Tag hineinlebten. Eine These, die man wohl überdenken muß, fand sich doch bei einem 16jährigen Handtaschenräuber dieser Notizzettel:

Erledigungen Sonntag
1. Thomas anrufen
2. Handtaschen klauen
3. Essen gehen
4. 15.30 Uhr Mädchen
    «Rote Rosen» 2 Päckchen Kondome
    Kaffee Billard spielen

Streng nach dem bewährten Motto: Erst die Arbeit, dann das Vergnügen.

Nicht immer gelingen einem Gericht Anatomiebetrachtungen so messerscharf wie oben. Als ein Angeklagter berichtete, er habe das zur Tatzeit mitgeführte Fleischermesser einfach mit der blanken Klinge in den Hosenbund gesteckt, lautete der jugendrichterliche Kommentar:

Na, das hätte aber auch ins Auge gehen können.

Weil ein Mann ständig bedrohlich mit einem Messer herumfuchtelte, wurde er auf Unterlassung verklagt. Niemand kann behaupten, das angerufene Gericht habe seine friedensstiftende Aufgabe vernachlässigt, denn der «auf dringendes Anraten des Gerichts» geschlossene Vergleich fiel geradezu harmoniesüchtig aus:

Der Beklagte verpflichtet sich, es in Zukunft zu unterlassen, den Kläger mit einem Messer zu bedrohen.
Der Beklagte verpflichtet sich ferner, sich dem Kläger zu nähern.

Irgendwie ein hinkender Vergleich.

Die ganz kleinen, gar nur mit einem einzigen Richter besetzten Amtsgerichte sind inzwischen nahezu abgeschafft. Durch die ständig fortschreitende Spezialisierung ist es einem Juristen auch kaum noch möglich, sich auf allen hier einschlägigen Gebieten firm zu zeigen. Der Vorzug solch kleiner Bezirke lag indes auf der Hand: Diese Richter kannten ihre Rechtsgemeinde nur all zu gut und waren in der Lage, äußerst individuelle Entscheidungen zu treffen, mochten die auch nicht immer mit den ziselierten Überlegungen der Obergerichte harmonieren.

So hieß es in der Rechtsmittelbelehrung eines solchen Einmanngerichts geradezu selbstkritisch:

Gegen diesen Beschluß kann das Recht mittels der Beschwerde eingelegt werden.

Auch eine große Strafkammer ging mit sich selbst ins Gericht, nachdem sie eine hohe Haftstrafe verhängt hatte. Reuig bezeichnete sie sich im schriftlichen Urteil als

2. grobe Strafkammer.

Im Vertrauen auf eine allgemein abschreckende Wirkung werden fühlbare Strafen zuweilen auch mit sogenannten generalpräventiven Erwägungen gerechtfertigt, Strafzumessungsgründe, die in diesem Urteil allerdings zu

general primitiven Gesichtspunkten

mutierten.

Ohne Teilnahme der Staatsanwaltschaft findet keine Hauptverhandlung statt. Zu anstehenden Prozessen erhält sie deshalb Terminsnachricht. Zwar mag es gelegentlich vorkommen, daß ein Sitzungsvertreter seinen Termin verschwitzt, aber mußte das Folgende wirklich sein?

Amtsgericht an Staatsanwaltschaft:

Sehr geehrte Damen und Herren,
in der Strafsache gegen Sie wegen Betruges
ist der Termin zur Hauptverhandlung vor dem Schöffengericht bestimmt worden.
Sie werden hiermit zu dem oben angegebenen Termin geladen.
Wenn Sie ohne genügende Entschuldigung ausbleiben, müßten Sie vorgeführt oder verhaftet werden.

Kein Wunder, wenn Vorladungen nicht nur Angeklagten Bauchschmerzen bereiten.

Nachdem ich die Ladung des Amtsgerichts als Zeuge erhalten hatte, erlitt ich im Bauchbereich einen sogenannten Narbenbruch.

Der Gerichtssaal ist eben ein Terrain, das man auch als Zeuge nur ungern betritt. Sitzungsvermerk der Staatsanwaltschaft:

Aussetzung der Hauptverhandlung. Die Zeugin Banger war erkrankt. Sie leidet unter Angstzuständen. Die Tochter erschien im Gerichtssaal und teilte mit, ihre Mutter sei vorm Gerichtssaal «umgekehrt».

Amtsgericht an Landgericht mit der Bitte um Mitteilung,

wo und wofür der Verurteilte einsitzt.

Antwort:

Der Verurteilte sitzt nicht, aber er steht, und zwar bei der Strafvollstreckungskammer unter Bewährung.

Es gibt eine Menge Spitzbuben, die für die Staatsanwaltschaft sitzen, sie selbst sitzt aber auch nicht gerade wenig, in Gerichtssälen, am Schreibtisch. Wenn sich dabei die lang unterdrückte Sprungfeder eines musealen Sitzmöbels den Weg ins Freie und in die neue Hose eines hochschreckenden Staatsanwalts bahnt, erwartet der natürlich Schadensersatz von seinem Dienstherrn. Da antwortet man dann auch betont geduldig, wenn die Generalstaatsanwaltschaft nochmals nachhakt und es beim Ausmaß des Schadens ganz genau wissen will.

Die Hose wurde durch die defekte Sprungfeder in einer Länge von etwa 4 cm aufgeschlitzt, und zwar im Bereich jenes Teils des Kleidungsstücks, welcher die rechte Gesäßhälfte bedeckte. Die Lage der Beschädigung läßt sich am leichtesten veranschaulichen, wenn man sich das Gesäß als die vom Greenwich-Meridian aus westliche Erdhalbkugel vorstellt. Bei einem Maßstab von 1 : 100 000 000 würde sich der Riß in der Hose etwa von den Galapagos-Inseln bis Asunción in Paraguay erstrecken.

Fern lag auch jeder Gedanke an Bereicherung.

Im Erstattungsfall bin ich selbstverständlich bereit, die Hose dem Justizfiskus zur Verfügung zu stellen.

Apropos Hose. Werden Angeklagte dem Gericht aus der Haft vorgeführt, so übernimmt diese Aufgabe die Justizwachtmeisterei. Der Arbeitsalltag unserer Wachtmeister ist abwechslungsreich und keineswegs grau, was zur Jahrtausendwende wohl auch im Outfit der Beamten zum Ausdruck kommen sollte. Zur Neufassung seiner Dienstkleidungsvorschrift unterstrich das Niedersächsische Justizministerium denn auch vor allem

die Änderung der Farbe der Dienstkleidung für männliche Bedienstete von mittelgrau zu dunkelblau.

Pfiffige Ideen hatten allerdings von vornherein keine Chance.

Vorsorglich weise ich darauf hin, daß auch unter steuerlichen Gesichtspunkten eine blaue Jeanshose keine Diensthose im Sinne der Dienstkleidungsvorschrift ist.

Dafür fanden sich modische Anleihen beim Militär ...

Anstelle der Dienstmütze kann im Winter auch eine Fellmütze nach Art der Bundeswehr getragen werden.

... sowie echte Toleranz im Verborgenen.

Der Binder kann auch mit Gummizug oder Clip getragen werden.

Derart adrett ausstaffiert, dürfte ein Justizwachtmeister den vielfältigen dienstlichen Anforderungen dann wirklich auch in jeder Hinsicht gewachsen sein.

Dazu aus einem Zeugnis:

Der Beamte ist mit allen Aufgaben des Justizwachtmeisterdienstes nach §§ 2–4 JWDO betraut; insbesondere wird er beim

Sitzungs-, Verführungs-, Sicherheits- und Ordnungsdienst ein-
gesetzt.

Und wenn wir schon bei der Kleiderordnung sind: Als 1967 der
Justizminister in Niedersachsen eine Robenordnung erließ,
stand das Wichtigste in einem ergänzenden Merkblatt.
Die mit der Herausgabe dieses Merkblattes betrauten Ministerialbeamten haben damals schlaflose Nächte verbracht, gepeinigt
von finsteren Dämonen, die ihnen gruselige Visionen vorgaukel-
ten. Schweißgebadet mußten die Beamten mit ansehen, wie es
einen Richter eines schönen Sitzungstages gelüstet, seine Robe
übermütig in die Hosen zu stopfen, um sie zu einem modischen,
wenn auch etwas bauschigen Blouson zu verkürzen. Gewisser-
maßen hautnah wurde ihnen die Idee Tolldreister vorgeführt,
bei heißem Wetter den stickigen Gerichtssaal nur in Robe – und
nichts als der Robe – zu betreten.
So oder so ähnlich muß es einfach gewesen sein. Denn nur so
entschlüsselt sich das Rätsel um jenen inhaltsschweren Satz, mit
dem die Ministerialbeamten damals in ihrem Merkblatt jeder-
mann verblüfften, diesem Satz, der da lautet:

Die Robe wird über der Kleidung getragen.

Und was trägt der Angeklagte? Ganz einfach: das volle Risiko
seiner modischen Vorlieben.

Erscheint ein Angeklagter in der Hauptverhandlung vor Gericht
in kurzer Hose, zwei verschiedenfarbigen Socken sowie zwei
verschiedenen Schuhen, einem über die Hose hängenden T-Shirt
mit kurzen Ärmeln und einem roten Halstuch, so stellt sich diese
für ein Erscheinen vor Gericht nicht mehr erträgliche Aufma-
chung als ein deutliches Zeichen der Provokation sowie einen
erheblichen Angriff auf die Würde des Gerichts dar und recht-
fertigt die Verhängung von Ordnungshaft.

(OLG Koblenz, Urteil vom 21. 12. 1988, Az: 1 Ws 784/88)

4. Schuldner und Gerichtsvollzieher

Drängende Probleme lösen sich zuweilen auf wundersame Art.

In obiger Mahnsache nehme ich die Klage zurück, nachdem ich anderweitig befriedigt worden bin.

Aber meist sind es eben doch die Gerichte, die Gerichtsvollzieher, die gefordert sind. Gerieten Gerichtsvollzieher ins Erzählen, käme bestimmt manch interessante Geschichte heraus.

Die Pfändung des Chow-Chow konnte nicht durchgeführt werden, weil der Hund inzwischen an Räude verendet ist. Der Siam-Kater springt auf 5 Meter Entfernung jeden fremden Besucher an. Falls ich dieses Tier einfangen und pfänden soll, bitte ich mir zuvor einen Tierbändiger zur Verfügung zu stellen.

Auch ganz harmlose Gründe können eine Vollstreckung verhindern. Hier reichte eine Gerichtsvollzieherin die Unterlagen mit dem Bemerken zurück:

Der Schuldner teilte telefonisch mit, er sei unbekannt verzogen.

Jeder Gerichtsvollzieher weiß: Finger weg von den sogenannten unpfändbaren Sachen.

Ich besitze lediglich meinen Kopf und, darin befindlich, einen endlosen Wissensschatz für die Zukunft. Der Gerichtsvollzieher konnte sich bereits genauestens vergewissern.

Ein anderer stellte sich dieses Armutszeugnis aus:

Bargeld und Bankguthaben besitze ich nicht. Auch sonst habe ich keine Vermögenswerte. Ich habe auch kein Grundeigentum, sondern nur meine Frau.

Und dann gibt es noch diejenigen, die ihre Staatstreue vorschieben.

Ich habe noch viel an den Fiasko zu zahlen.

Dem Vorwurf gar eines Diebstahls sah sich dieser Gerichtsvollzieher ausgesetzt:

Bei der Durchsuchung der Behältnisse des Schuldners wurden weder von mir noch von den anwesenden Polizeibeamten die Nesteinlagen berührt noch Eier gepfändet oder sonst wie mitgenommen.
Es wäre interessant zu erfahren, wessen Eier abhanden gekommen sein sollen.

Weil es dort bislang nie etwas zu pfänden gab, winkte ein Gerichtsvollzieher schon vorher ab:

Der Schuldner ist amtsbekannt fruchtlos.

Hier jedoch entdeckte ein Anwalt etwas durchaus Lohnendes im Vermögensverzeichnis eines Schuldners:

Beantragt wird die Pfändung der im Eigentum und Besitz des Schuldners stehenden Whiskey-Sammlung zu einem Wert von ca. 1000,00 EUR.

Was sich als taktisch klug erwies. Anwalt an Gläubiger:

Wie mir der Gerichtsvollzieher mitteilt, soll der Schuldner über die Pfändung des Whiskeys sehr traurig sein.

Und wo Emotionen im Spiel sind, da läßt sich fabelhaft Druck ausüben. Anwalt an Schuldner:

Sie leisten auf die rückständigen Forderungen moderate monatliche Raten, dann wird mein Mandant peu à peu die Whiskeyflaschen an Sie zurückgeben. Ansonsten wird mein Mandant die Verwertung der Whiskeyflaschen betreiben.

Bevor man prozessiert, mühsam ein Urteil erstreitet und dann den Gerichtsvollzieher in Marsch setzt, versucht man es natürlich mit Mahnungen. Wie aber formuliert man die am wirksamsten?

Harsch und unterlegt mit der Androhung nicht allein juristischer Schritte?

Der Beschuldigte rief mich mehrfach an und fragte, wann ich endlich zahlen würde. Schließlich betonte er, eine Pistole zu besitzen. Ob ich denn wirklich auf Durchzug in der Birne aus sei.

Oder doch lieber konziliant?

Das Mahnen, Herr, ist eine schwere Kunst!
Sie werden's oft am eigenen Leib verspüren.
Man will das Geld, doch will man auch die Gunst
des werten Kunden nicht verlieren.

Allein der Stand der Kasse zwingt uns doch,
ein kurz' Gesuch bei Ihnen einzureichen.
Sie möchten uns, wenn möglich heute noch,
die unten aufgeführte Schuld begleichen.

Originell und juristisch trotzdem ernst zu nehmen, wie das Landgericht Frankfurt/M. feststellte und sich dabei gleich selbst in der Kunst des Dichtens versuchte (NJW 1982, 650):

Auch eine Mahnung in Versform begründet Verzug;
der Gläubiger muß nur deutlich genug
darin dem Schuldner sagen,
das Ausbleiben der Leistung werde Folgen haben.

Wunderbar.

Eine vermeintlich schlechte Zahlungsmoral kann natürlich auch auf mangelhafter Vertragserfüllung beruhen, und genau das rieb man hier, mit italienischem Temperament, der Gegenseite unter die Nase:

Sie reden von Mahnverfahren. Aber Sie (und nicht ich) sind mit unsere Vertraga in Defekt!

Zivilgerichte sichern sich ab, sie verlangen Vorschuß, beispielsweise für die Reisekosten auswärtiger Zeugen, bieten dafür aber die Möglichkeit bequemer Bareinzahlung bei Gericht – korrekte Verwendung und Abrechnung inbegriffen. Denn niemand käme auf die Idee, hier etwa Gelder abzuzweigen, nicht einmal für die Sanierung des Justizhaushalts.

Wenn also bei Gericht die Kasse klingelt, sollte die Justiz jeden Eindruck vermeiden, ihr sei da jemand auf den Leim gegangen.

Vermerk

Aufklebend zahlt der Beklagte den Auslagenvorschuss ein.

Wie mahnt man bei Gericht ausstehende Pflichtverteidigergebühren an? Je nach Jahreszeit, würde ich sagen. Schriftsatz vom 17. Dezember:

... erlaube ich mir an die Bearbeitung und Erledigung meiner Kostennote vom 12. August zu erinnern.
Im Hinblick auf das kommende Weihnachtsfest mit der Erforderlichkeit des Kaufs von Geschenken wäre ich für eine kurzfristige Erledigung verbunden.

Schon anders klingt es da, wenn ein Rechtsanwalt, stolzer Partner in einer zwölfköpfigen Sozietät, die Gelegenheit nutzt und sich mit der ganzen finanziellen Potenz einer solchen Firma in Szene setzt, mal so richtig die Muskeln spielen läßt.

Wir beantragen Akteneinsicht. Für entstehende Kosten erklären wir uns stark.

Kosten von damals immerhin 8 EUR.

Noch im Herbst sollte es unter den Hammer kommen, das Wohnhaus dieses völlig überschuldeten Ehepaares. So sah es der Terminplan des Amtsgerichts vor; an die Folgen dachte niemand.

Wir möchten Sie bitten, den Termin in die Januarwochen zu verlegen. Wir kämen uns sonst vor wie Maria und Josef in Bethlehem.

In der Tat bietet die Schrift gerade dem Bibelfesten manch trefflichen Vergleich.

Der Mann sah uns an wie ein unglaubwürdiger Thomas.

Bei Unternehmenspleiten ruhen viele Hoffnungen auf dem Insolvenzverwalter. Vielleicht weiß er ja noch einen Ausweg. Geht es, wie hier, um einen notleidenden Zirkus, sind vor allem originelle Ideen gefragt. Von einem persönlichen Einsatz im Manegenrund ist jedoch abzuraten; beim heute durchweg verwöhnten Publikum findet so etwas nur mäßig Anklang.

Im Ergebnis verhält es sich so, daß in der Zeit meiner Tätigkeit als Gutachter und vorläufiger Insolvenzverwalter bei sämtlichen Auftritten Verluste erwirtschaftet wurden.

Kann ein Gerichtsvollzieher eigentlich selbst in Verzug geraten? Er kann.
Als eine dienstliche Überprüfung eine wahre Flut unerledigter Vorgänge zutage gefördert hatte, sah sich der Amtsgerichts-

direktor gezwungen, beim Präsidenten des Landgerichts um personelle Hilfe zu bitten, eine Bitte, die in erlesenen Worten gipfelte:

Wir wünschen uns einen Herakles, der den Stall des Augias ausmistet.

Dazu muß man wissen, daß dem sagenhaften Herakles, lateinisch Herkules, das Kunststück gelungen war, die völlig verschmutzten Rinderställe des Königs Augias von Elis an nur einem einzigen Tag zu reinigen, indem er einen Fluß hindurchleitete.

Der Präsident wird die Botschaft gewiß verstanden und daraufhin das entsandt haben, was hier allein Erfolg versprach: einen kräftigen Mann mit einem großen Aktenschredder in Turboqualität.

5. Vom Dasein der Zivilrichter

Wenn ich behaupte, daß sich Zivilprozesse vor allem auf dem weiten Schlachtfeld nachbarrechtlicher Streitigkeiten besonders interessant und spannend entwickeln, werden die betroffenen Kollegen mir sicher beipflichten (oder in den Nacken springen, so sie noch die Energie aufbringen).

Auf den Schriftsatz des Klägers wird mitgeteilt, daß das Gericht keinen Wert darauf legt, der Scherben, die am 9. Juli 1989 im besagten Garten entstanden sind, ansichtig zu werden, denn Scherben gibt es genug. Dagegen würde es sich empfehlen klarzustellen, ob denn nun ein Herr Wolfram Scharte klagt (so laut Schriftsatz vom 6. November 1990) oder eine Frau Barbara Keil (so in der Klageschrift).

Auch würde interessieren, warum der Kläger oder die Klägerin den Teil der Erdoberfläche, der ihre Terrasse bildet, versiegelt hat, statt dort Gras zu säen, so daß der Boden weiterhin atmen könnte. Es wären dann wahrscheinlich auch einige der vollen Bierflaschen und vielleicht auch einige Ketchup-Flaschen heilgeblieben, die der Kläger oder die Klägerin sodann hätten behalten können. Der Beklagte hatte ja sein Eigentum an diesen Gegenständen durch das Herüberwerfen aufgegeben, so daß es sich um herrenlose Dinge handelte, die sich der Kläger oder die Klägerin aneignen konnten.

Weiter stellt sich die Frage, warum der Kläger oder die Klägerin oder die anwesenden Bekannten nicht wenigstens einige der Flaschen aufgefangen haben, so daß sie trotz der versiegelten Erdoberfläche nicht zu Bruch gingen. Mag der Kläger oder die Klägerin dazu im Termin vortragen.

Von Entscheidungslethargie kann im folgenden Fall keine Rede sein. Hatte das Amtsgericht die Klage noch abgewiesen, so legte das Landgericht um so mehr Eifer und Akribie an den Tag und in die Nacht, dem Berufungskläger zu seinem Recht zu verhelfen. Die Rede ist von dem als «Wiesbadener Glühbirnenstreit» bekannt gewordenen Nachbarzwist um jene

40 Watt / matt-Birne,

die der Beklagte nachts am Haus ständig brennen ließ, obwohl das Licht seinem Nachbarn im 11 Meter entfernten Schlafzimmer ein Dorn im Auge war. Und genau das überprüfte die Kammer nun am angegebenen Ort zur angegebenen Zeit (vgl. LG Wiesbaden, NJW 2002, 615). Ein Fall, der trotz seines eher funzeligen Streitgegenstandes mit sprachlichen Highlights aufwartet.

Die bei Dunkelheit durchgeführte Augenscheinseinnahme ... in dem vom Kläger bislang als Schlafzimmer genutzten streitgegenständlichen Zimmer

ergab zunächst einmal, daß von einer vorhandenen Straßenlaterne nur gedämpftes Licht eindrang.

Dieses Licht rief praktisch kein Störungsempfinden hervor.
Nachdem nunmehr die streitgegenständliche Außenleuchte mit einer 40 Watt / matt-Birne eingeschaltet worden war, zeigte sich vom Zimmer aus nach außen gesehen ein deutlich wahrnehmbarer, von rechts von der streitgegenständlichen Außenleuchte ausgehender schräger Lichteinfall auf dem linken Bereich im vorderen Drittel des Zimmers. Mit diesem, durch die Fenstergröße und die Höhe der Fensterbrüstung begünstigten Lichteinfall war ein Anstrahlungs- und Kanaleffekt verbunden, der sich durch den Zimmerzuschnitt und die Position der Außenleuchte zum Zimmer ergab und sich an der linken Zimmerwand in Richtung Fenster gesehen widerspiegelte.
Dieser Lichteinfall hob sich von den zuvor festgestellten Lichtverhältnissen deutlich ab. Nach der Einschätzung der Kammer ist ein solcher Lichteinfall ohne weiteres geeignet, bei einem in Ruhelage (Schlafposition) befindlichen, durchschnittlich emp-

findlichen Menschen unweigerlich besondere Aufmerksamkeit und eine gewisse Blendwirkung hervorzurufen, wenn das Licht auf das Gesicht trifft.

Es wurde dann noch mit dem Rolladen experimentiert, auch 40 Watt/klar-, 60 Watt/matt- und 60 Watt/klar-Birnen ausprobiert, aber es blieb dabei, bereits für 40 Watt/matt-Strahlkraft galt:

Der beschriebene besondere Lichteinfall ist nach alledem nachvollziehbar auf einen Bettbereich des Klägers getroffen, in dem sich der Kläger mit seinem Kopf regelmäßig zum Schlafen aufgehalten hat.

In den Augen der Kammer stellte diese dauerhafte Bestrahlung des Grundstücks eine rechtswidrige Eigentumsbeeinträchtigung dar:

Bei einer Nutzung des streitgegenständlichen Zimmers als Schlafzimmer wird nach Einschätzung der Kammer durch den streitgegenständlichen dauerhaften Betrieb der Außenleuchte am Haus des Beklagten und die daraus resultierenden, aufgezeigten besonderen Lichtverhältnisse bei einem Durchschnittsmenschen zumindest ein erhebliches Lästigkeitsgefühl mit einer Einschränkung hinsichtlich der Annehmlichkeit des Daseins erzeugt, welches eine nicht nur unwesentliche Beeinträchtigung der Benutzung des Grundstücks des Klägers zur Folge hat.

Deshalb wurde der Beklagte zum Energiesparen verdonnert. Die streitgegenständliche Außenleuchte aber montierte er ab und versteigerte sie für einen guten Zweck. Den Zuschlag erhielt übrigens das Wiesbadener Scherzartikelmuseum «Harlekinaeum», wo die 40 Watt/matt-Birne wieder leuchten durfte und nun bei den Museumsbesuchern mit Sicherheit grinsender Wahrscheinlichkeit eine Steigerung hinsichtlich der Annehmlichkeit ihres Daseins erzeugt.

Ketchup, das hörten wir bereits, ist ein beliebtes Kampfmittel im Nachbarschaftskrieg, aber längst nicht alles, was das Arsenal zu bieten hat. Mit dieser Klage beispielsweise sollte den Nachbarn verboten werden,

- *auf den Anrufbeantworter der Klägerin in beleidigender Form zu sprechen,*
- *den Anrufbeantworter nachts mit Klopfzeichen zu belegen,*
- *die Klägerin verbal zu bedrohen,*
- *Mitarbeiter der Klägerin zu beschimpfen und mit Beton-brocken zu bewerfen,*
- *im Namen der Klägerin Aufträge an ortsansässige Firmen zu vergeben,*
- *Stützbalken an Gebäuden der Klägerin anzusägen,*
- *auf der Grenze Müll zu lagern,*
- *Müll wie alte Zeitungen, Prospekte, alte Äpfel, Erdbeeren, Brot und rohe Eier über die Grundstücksgrenze auf die Durchfahrt der Klägerin zu werfen,*
- *mit einem Gartenschlauch in das Fahrzeug der Klägerin zu spritzen,*
- *die Grenzmauer und eine Tür der Klägerin mit Ketchup zu bespritzen.*

Bosheit entsteht immer zuerst in unseren Köpfen, das ist bei Nachbarn nicht anders. Polizeibericht über eine streitbare ältere Hauseigentümerin:

Im Herbst rief sie erneut beim Unterzeichner an. Sie würde in ihrem Garten von der Nachbarschaft mit einer scharfen Waffe beschossen. Vor Ort stellte ich fest, daß <u>kein</u> Schuß gefallen war. Die vertrockneten Pflaumen fielen vom Baum auf das Kunst-stoffdach.

Kommt es tatsächlich zum nachbarlichen Showdown, ist man am besten nicht dabei gewesen, weder körperlich noch geistig, jedenfalls in der für das Gericht bestimmten Version.

Der Kläger bestreitet mit Nichtwissen, den Beklagten beleidigt zu haben. Er kann allerdings nicht ausschließen, daß er in seiner

Wut *während der Attacken des Beklagten einzelne Verwün-*
schungen ausstieß. Dies könnte dem Kläger allerdings keines-
falls entgegengehalten werden. Der Kläger wurde gegenüber
dem Beklagten auch keinesfalls körperlich, er war von dessen
Angriff so überrascht, daß er dazu keine Gelegenheit hatte und
sich daher nicht verteidigen konnte.

Das Pensum und die Arbeitslast des Zivilrichters sind groß.
Überflüssiges kann er sich nicht leisten, und so vereinfacht er
sich seinen Arbeitsalltag, wo immer das möglich erscheint. Beispielsweise dadurch, daß er beteiligten Rechtsanwälten die uner-
läßlich wichtigen Hinweise des Gerichts gleich eingangs eines
Beweisbeschlusses mitteilt, so wie hier in einer Reiserechtssache
aus dem Jahr 1992:

Die Parteien werden gebeten zu berücksichtigen, daß gemäß
§ 184 GVG die Gerichtssprache deutsch ist. Demgemäß läßt sich
nicht einsehen, warum die Parteien das im Prospekt abgebildete
ganz übliche Schwimmbecken als Swimming-Pool bezeichnen.
Sie werden nicht argumentieren wollen, diese Bezeichnung sei
kürzer und erspare ihnen Zeit, denn sowohl das «Schwimm-
becken» wie auch das Wort «Swimming-Pool» haben drei Silben
und, diktiert man den Bindestrich mit, besteht die englische Be-
zeichnung sogar aus 6 Silben, ist also doppelt so lang. Der mög-
licherweise vorhandene Wunsch der Parteien, sich modern aus-
zudrücken, denn englisch ist ja modern, vermag die zwingende
Vorschrift des § 184 GVG nicht aufzuwiegen. Das wird durch die
Überlegung gestützt, daß es keinen vernünftigen Grund gibt,
ein ganz gewöhnliches Schwimmbad, wie es der Prospekt wie-
dergibt, als Süßwasser-Swimming-Pool zu bezeichnen.

Die Anwaltschaft arbeitet, bei aller gebotenen Gründlichkeit
natürlich, ebenfalls zügig – Zeit ist schließlich Geld.
Als ein Gericht aus einer Schadensersatzklage nicht klug wurde,
weil der Unfallhergang nicht nachvollziehbar erschien, ja nicht
einmal klar wurde, wer denn überhaupt gefahren sei, der Richter

ferner über namenlose Zeugen und angebliche Ermittlungsakten ohne Aktenzeichen stolperte, da teilte der Klägervertreter auf Nachfrage treuherzig mit:

Zur Beschleunigung werden hier Formularklagen verwandt. Sie passen nur ungefähr. So ist hier kein Zeuge vorhanden, Ermittlungsakten existieren nicht, da es sich um einen Unfall auf einem Privatgelände handelt.

Ob der Rechtsanwalt sich wohl auf ein Agreement dergestalt eingelassen hätte, daß auch das Urteil «nur ungefähr» passen müsse?

Gar nicht paßte einem Beklagtenvertreter, daß der Vorsitzende einer Zivilkammer zum anstehenden Verhandlungstermin das persönliche Erscheinen der Parteien angeordnet hatte, ein Termin, der nach Ansicht des Anwalts ohnehin nur mit Vertagung würde enden können und deshalb von vornherein völlig nutzlos war.

Die Beklagten weisen erneut darauf hin, daß nicht nur eine Rechtfertigung für die Anberaumung dieses Verhandlungstermins fehlt, sondern sie auch eine vorsätzlich sittenwidrige Schädigung beider Parteien darstellt, weil ihrem Erscheinungsaufwand keine justitielle Gegenleistung, und schon gar keine gleichwertige, Ihrerseits entspricht und auch gar nicht entsprechen kann, d. h. Sie benutzen Ihre Ihnen dazu nicht anvertraute rechtsprechende Gewalt ausschließlich zum Zwecke des Bürgerquälens und -schröpfens, so daß die Beklagten ihren von Ihnen rechtswidrig verursachten Schaden von Ihnen auch wieder ersetzt verlangen müssen, damit das Recht wiederhergestellt wird.

Diesen künftigen Schaden bezifferte der Anwalt auf 5500 DM, bedingt durch sein zusätzliches Zeithonorar und die Abwesenheit der Beklagten, deren Firma dann lahmgelegt sei.

Zur Abkürzung des Verfahrens über Amtshaftung und Rückgriff, der bei, hier zumindest bedingtem, Vorsatz nicht ausblei-

ben wird, bitten die Beklagten um Ihre Schadensersatzzahlung i. H. v. 5500 DM bis zum 20. 9. 2001 auf das o. a. Konto. Eine Deckungszusage Ihrer Regreßhaftpflichtversicherung wäre auch ausreichend, aber wegen Ihres Vorsatzes wohl nicht zu erlangen.

Außerdem gehörte dieser Richter als das entlarvt, was er nun mal war ...

Die Beklagten bitten weiterhin auch künftig um Beachtung der Prozeßökonomie, deren Grundregel lautet: Alle Steuernetto-empfänger haben sich bei eventuellem Tätigwerden so zu verhalten, daß kein Steuernettozahler bei Ihrer Alimentation mehr als nach den Umständen unvermeidbar behindert oder belästigt wird. Der angesetzte Termin und die mit ihm verursachten Schäden der Beklagten sind durch Aussetzung vermeidbar, ohne daß jemandem ein Nachteil daraus erwächst. Bei Abhaltung des Termins wären dagegen Schaden, Behinderung und Belästigung Ihrer Ernährer gewaltig. Im globalen Wirtschaftswettbewerb aller Staaten gegeneinander sind Sie als Standortnachteil Deutschlands ermittelt.

Am Termin wurde trotzdem festgehalten, worauf, um es abzukürzen, allen Kammermitgliedern – als möglichen Regreß-pflichtigen – kurzerhand der Streit verkündet wurde (§ 72 ZPO). Sicher außergewöhnlich, aber war es nicht geradezu der Königs-weg, diese ungeliebten Richter endlich loszuwerden? Parallel dazu erhob der Anwalt Dienstaufsichtsbeschwerde und ließ den Landgerichtspräsidenten ferner wissen, daß die an sich ebenfalls fällige Strafanzeige wegen Rechtsbeugung nur noch abzuwenden sei, wenn wenigstens der Kammervorsitzende sofort aus dem Verfahren ausscheide. Dies dem Vorsitzenden zu verklaren, bleibe jedoch die vornehme Aufgabe des Präsidenten.

Ich selbst sehe mich leider nicht mehr in der Lage, den Vorsitzenden auf das (straf)rechtlich und moralisch Verwerfliche seines Tuns hinzuweisen, ohne Gefahr zu laufen, die ohnehin sehr schwierige Verständigung mit ihm durch Vorhaltungen im Ergebnis fruchtlos zu machen, weil er sie aus seiner vermutlich defizitären Rechtserkenntnisfähigkeit als verletzend fehldeuten würde, statt richtigerweise als justizkathartische Anregung.

Dieser Anwalt hatte zweifellos Biß.

Um Zähne, um viele Zähne, genauer gesagt um 3996 Frontzähne und 3600 Backenzähne ging es auch im nächsten Fall. Eine Zahnfabrik verlangte diese Zähne von einem Zahnarzt zurück, nachdem der sie nach Lieferung nicht bezahlen wollte. Hier nun mußte kein Anwalt kämpfen und schäumen; der zuständige Richter gedachte das Feld völlig freiwillig zu räumen.

In dieser Sache fühle ich mich befangen. Ich bin bei dem Beklagten in Behandlung und kann daher nicht ausschließen, daß dieser bei mir Zähne der Klägerin verwendet hat. Wenn sich demnach ein Bruchteil der streitbefangenen Zähne in meinem Mund befinden sollte, könnte ich mit demselben nicht unbefangen Recht sprechen.

6. Knast und Unterbringung

In der Untersuchungshaft kommt so manchem zum Bewußtsein, wie tief er doch gefallen ist.

Ich bitte, mich psychiatrisch untersuchen zu lassen, da ich vor meiner Geburt mit meiner Mutter schwer gestürzt bin.

Das sind dann durchaus anspruchsvolle Begutachtungen, bei denen Sachverständige schon bei der Exploration des Lebenslaufs in ernstliche Schwierigkeiten geraten können.

Von seiner eigenen Geburt weiß der Proband nichts Besonderes.

War bei erheblichen Taten die Schuldfähigkeit aufgehoben oder vermindert, etwa aufgrund einer psychischen Erkrankung, und ist der Täter für die Allgemeinheit gefährlich, so ordnet das Gericht die Unterbringung in einem psychiatrischen Krankenhaus an (§ 63 StGB). Das Gesetz nennt das eine Maßregel der Besserung und Sicherung.

Einzuholen ist also unter anderem eine Gefährlichkeitsprognose, nicht etwa, wie die Generalstaatsanwaltschaft formulierte, eine

Gefälligkeitsprognose.

Worauf es dabei im Kern ankommt, setzte hier ein Beschuldigter der Polizei auseinander, und zwar erstaunlich unbefangen, wie ich finde.

Bitte beachten Sie, daß ich gutmütig bekloppt bin und schon einmal meine Einweisung in die Nervenheilanstalt beantragt wurde. Da ich kein gewalttätig Bekloppter bin, darf ich noch frei herumlaufen.

Tatsächlich Untergebrachte meiden in diesem Punkt allzu Volkstümliches.

Meine Persönlichkeitsstörung ist humanen Carackters.

Sogar Richter kann es treffen, weniger wegen ihrer Gefährlichkeit als vielmehr bei verdächtigem Tagungseifer. Ziemlich konsterniert zeigte mir ein Kollege seine nur dürftig als «Einladung» kaschierte Ladung in eine entsprechende Einrichtung. Einweisungsbehörde war das Justizministerium des Freistaates Thüringen.

… für Ihr Interesse an dem Seminar «Neue Denkansätze in der Mediation» danke ich Ihnen und lade Sie hiermit in das nachfolgend näher bezeichnete Landhotel ein. Im Hotel werden Sie amtlich untergebracht und verpflegt.

Einmal entwichen, halten sich die Hoffnungen auf ein schnelles Wiedersehen offenbar in sehr engen Grenzen.
Psychiatrisches Krankenhaus an Gericht:

Wir müssen Ihnen leider mitteilen, daß der Patient im Rahmen eines Geländeausganges, den er ab 14.25 Uhr genommen hatte, entwichen ist. Die Fahndung wurde noch am selben Abend aufgegeben.

Den Vorwurf, mit seinen ständigen Stänkereien den Mitpatienten die Arbeitstherapie vermiest und damit seinen eigenen Ausschluß provoziert zu haben, mochte ein Untergebrachter so nicht auf sich sitzen lassen.

Die Patienten blieben nicht wegen der Äußerungen von mir fern, sondern wegen meines Aftershaves Old Spice, welches ich extra auflegte, um der Zwangstätigkeit zu entrinnen!

Mindestens einmal jährlich prüft eine Strafvollstreckungskammer des Landgerichts, ob die Unterbringung fortdauern muß oder zur Bewährung ausgesetzt werden kann. Für diese Entscheidung holt die Kammer unter anderem eine Stellungnahme der behandelnden Ärzte ein und hört den Untergebrachten persönlich an.

Zwar drängt es die allermeisten Patienten in die Freiheit, doch gibt es auch Ausnahmen, etwa als Folge von Hospitalismus. Hier verblüffte nun jemand gleich damit, daß er der Justiz vorab ein von ihm selbst verfaßtes und unterzeichnetes fiktives Protokoll über die erst noch anstehende Anhörung übersandte.

Es wird erhofft, daß sich dadurch eine Anhörung durch die Strafvollstreckungskammer erübrigt.

Nur ein Stück aus dem Tollhaus oder doch famose Idee zur Kostendämpfung bei therapieerfahrenen Patienten? Denn wenn man das «Protokoll» liest, könnte sogar die ärztliche Stellungnahme überflüssig erscheinen:

Zum aktuellen Zeitpunkt ist – aus Sicht des Unterzeichners – eine Entlassung als verfrüht einzuschätzen, so daß derartige noch nicht verantwortet!
Daher wird vom Unterzeichner eine desweitere Maßregelbehandlung sowohl als auch eine desweitere Forensische Integration zur Stattgabe beantragt!
Der Unterzeichner will noch erlernen, ein psychotherapeutisches Arbeitsbündnis im engeren Umfang herzustellen. Da er sich als psychisch auffällig einschätzt und einer neuroleptischen Medikation bedarf, braucht er dringenst einer Maßregelbehandlung!
Der Unterzeichner muß noch erlernen, sich am sozialen Leben der zuverwiesenen Stationen zu beteiligen. Ferner muß der Untergebrachte noch erlernen, sein ausgeprägtes subjektives Erleben von Großartigkeit, seine überhöhte Selbsteinschätzung herabzusetzen. Als auch zu erlernen, mit Kritik besser zu assoziieren!
Zur Planung realisierbarer entlassungsvorbereitender Behandlungsschritte zeigt der Unterzeichner mehr Initiative und Realitätsbewußtsein, so daß seine Verlegung in den offenen Behandlungsbereich – absehbar – erfolgen kann!

Entscheidet eine Strafvollstreckungskammer auf Fortdauer der Unterbringung und wird dies vom Patienten angefochten, so widmet sich das zuständige Oberlandesgericht der Sache mit großem Ernst.

In der Maßregelvollstreckungssache

wegen Totschlages

wird die sofortige Beschwerde des Verurteilten gegen den Beschluß der Strafvollstreckungskammer des Landgerichts verworfen, weil aus den Gründen der angefochtenen Entscheidung nicht verantwortet werden kann, daß der Verurteilte außerhalb des Maßregelvollzuges keine erheblichen rechtswidrigen Taten mehr begehen wird.

Und keinem Gericht ist nach Scherzen zumute, wenn es einem Strafgefangenen die vorzeitige Entlassung verweigert.

Auch die Zukunftspläne des Verurteilten sowie dessen Beziehungen zu seiner schwangeren Freundin, deren Tragfähigkeit sich erst noch erweisen muß, rechtfertigen keine andere Beurteilung.

Umgehend entlassen werden wollte dieser Gefangene und warb auch um Verständnis:

Ich brauche eine Betreuung (Freundin), meinen Hund und die heimische Umgebung, ansonsten habe ich wirklich kein Zukunftspotential.

Um der Justiz die Sache zu erleichtern, schlug er eine elektronische Fußfessel vor.

Ich wäre Ihnen sehr dankbar, wenn dieses Verfahren – bisher in Deutschland noch nicht praktiziert – bei mir Furore macht. Die Haftzeit kann sich durch die Fußfessel von mir aus verdoppeln. Oder man sperrt mich mit meinem Hund in den Zwinger. Da kann ich besser verweilen als hier in der JVA.
Mit geschäftlichem Gruß

Aber auch der Staatsanwalt setzte auf Verständnis.

Ich gehe davon aus, daß Sie nicht der Auffassung sind, daß Ihnen die Justiz eine Freundin vermitteln kann; dies gehört verständlicherweise nicht zum Aufgabenbereich einer Staatsanwaltschaft. Hilfsweise haben Sie beantragt, mit Ihrem Hund in einen Zwinger eingesperrt zu werden. Nach dem Willen des Gesetzgebers soll im Vollzug der Freiheitsstrafe der Gefangene fähig werden, künftig in sozialer Verantwortung ein Leben ohne Straftaten zu führen. Dies dürfte durch den Vollzug in einem Hundezwinger kaum erreichbar sein, so daß es bei einem Vollzug der Freiheitsstrafe in der Justizvollzugsanstalt bleiben muß.

Wer draußen bereits eine Freundin hat, leidet unter der Trennung. Oder auch nicht.

Wenn du mich fragst, gewöhne ich mich langsam an den Aufenthalt hier. Das einzige was in mir eine Art Verzweiflung aufruft, ist der Verlust deiner liebreizenden Gestalt. Die Ich nur schwer ertragen kann.

Als Zumutung empfand dagegen eine Angebetete die vielen Fehler, die ihr einsitzender Freund in seiner Korrespondenz verbrach. Empört forderte sie ihn auf:

Schreibe doch wenigstens mal meinen Nahmen richtig!

Vermutlich weil sich in der Langeweile der U-Haft außer Zeit nichts totschlagen ließ, bezeichnete ein Gefangener sie als

Uhrhaft.

Wohl dem also, der in der U-Haft merkt, daß er sich nicht auf freiem Fuß befindet.

Meine Fußpilze dehnen sich immer mehr aus, jetzt muß ich mich auch schon im großen Zeh kratzen, so daß es mir hilft, die eintönigen Tage auszufüllen!

Auf eine zumindest subjektive Verkürzung seiner Haftzeit sann dieser aufgeweckte Strafgefangene:

Hiermit stelle ich den Antrag auf gerichtliche Entscheidung zu meinem Anliegen, bis zum Endstrafenzeitpunkt in einen künstlichen Tiefschlaf gelegt zu werden sowie die Möglichkeit für ein Pro 7 Fernsehteam, dies zu dokumentieren.
Da hier keine Resozialisierung stattfindet und gespart werden muß und weil ich definitiv unresozialisiert entlassen werde, habe ich mich zu diesem ungewöhnlichen Schritt entschlossen. Hierbei werden mögliche Haftschäden vermieden. Der Fernsehsender Pro 7 hat großes Interesse für mein Anliegen gezeigt und möchte es als Alternative zum Strafvollzug dokumentieren.

Andere zieht es in den sonnigen Süden, und sei es auch nur im Wege einer Vollstreckungsübernahme durch das Heimatland.

Übersetzung aus der italienischen Sprache:

Hallo lieber Vorsitzender meines Herzens,
vorerst grüße ich Dich und alle die, die um Dich sind. Es geht mir gut und ich hoffe, daß es Dir und Deinen Lieben auch gut geht.
Jetzt, mein lieber Vorsitzender, möchte ich Dir mitteilen, daß meine Eltern wünschen, daß ich beantrage, in ein italienisches Gefängnis verlegt zu werden. Und zwar in eines, das in der Nähe von daheim ist, sowohl das Gefängnis in Cosenza als auch das von Catanzaro oder das in Crotone würden optimal liegen. Da Du der Vorsitzende meines Herzens bist, nimm bitte diesen Antrag an. Meine Familie wird sehr glücklich sein, denn sie wünscht sich so sehr, mich in ihrer Nähe zu haben. Teile mir bitte auch mit, wie lange ich noch im Gefängnis bleiben muß, denn ich sage Dir aus ganzem Herzen, daß mir das Gefängnis nicht liegt. Mein Leben wünscht sich so sehr dahin zurückzukehren, wo ich meine geliebte Herde gelassen habe. Ich wünsche es mir aus ganzem Herzen, daß Du mich sobald als möglich zurückkehren lassen wirst.

Jetzt, mein lieber Vorsitzender, umarme und grüße ich Dich von ganzem Herzen. Ich erwarte hoffnungsvoll einen Brief von Dir.

Ciao bis bald

Daß jeder Haftplatz den Steuerzahler eine Menge Geld kostet, ist kein Geheimnis. Offenbar diese Tatsache und die leeren Staatskassen vor Augen, konterkarierte ein ökonomisch denkender Richter seinen Haftbefehl mit einer bemerkenswerten Aufforderung:

Es besteht gegen – ihn – **xix** – der Haftgrund des § 112 Abs. **2 Nr.2** StPO.

Der Beschuldigte hat sich seiner Ergreifung durch Flucht zu entziehen.

Der Richter hat mir später glaubhaft versichert, der Satz habe mit dem Wort «versucht» enden und somit den Haftgrund der Fluchtgefahr belegen sollen.

An einer Eindämmung der Haftkosten war auch dem Oberstaatsanwalt von Celle gelegen, als er 1904 nach einer gründlichen Inspektion der ihm damals noch unterstellten Gefängnisse folgendes bestimmte:

Als Klosetpapier können auch entbehrliche Zeitungen, alte nicht mehr brauchbare Kursbücher ec. verwandt werden. Es erscheint zweckmäßig, wenn die Herren Gefängnis-Vorsteher mit dem am Sitz des Gefängnisses befindlichen Gericht wegen Abgabe derartigen, entbehrlichen Papiers in Verbindung treten. Selbstredend darf das Papier auch nur in geschnittenem Zustande den Gefangenen gegeben werden, zum Zerschneiden sind zuverlässige Gefangene auszuwählen. Durch diesen modus können nicht unerhebliche Ersparnisse gemacht werden.

Aus den umfangreichen Anordnungen des Oberstaatsanwalts zu Ordnung und Reinlichkeit nur ein kleiner Ausschnitt:

Die Utensilien, Lagerungs- und Bekleidungsgegenstände müssen vollständig staubfrei gehalten werden. Dasselbe gilt von den Türen, Fenstern, Treppengeländern ec. In den Täfelungen der Türen setzt sich erfahrungsgemäß der Staub ziemlich fest, zur Beseitigung desselben sind Pinsel anzuschaffen, da an viele tiefer liegende Stellen mit dem Wischtuch nicht heranzukommen ist.

Wird in den Gefängnissen Staub erzeugende Arbeit verrichtet, so muß am Tage mehrmals Staub gewischt werden. Es ist der Auffassung des Aufsichtspersonals, daß unter gewissen Umständen der Staub ein notwendiges Übel sei, welches man nicht beseitigen könne, im sanitären Interesse mit aller Entschiedenheit entgegen zu treten.

Das Blechzeug muß b l a n k geputzt sein. Bei den Klosetkübeln gilt dies selbstredend nicht bloß von dem Kübeldeckel, sondern von der ganzen Außenseite des Kübels.

Auch Disziplin mußte natürlich sein:

Wird die Zelle von dem Aufseher zum Zwecke der Revision durch einen Vorgesetzten geöffnet, so ruft der Aufseher «Achtung». Daraufhin hat der Gefangene aufzustehen, eine stramme militärische Haltung anzunehmen und alles, was er in der Hand hat, fortzulegen. Er hat sich hierauf auf den ein für alle Mal vorher bestimmten Platz zu begeben, der so zu wählen ist, daß der Gefangene dem revidierenden Beamten das Gesicht zukehrt. Ist der revidierende Beamte dem Gefangenen persönlich nicht bekannt, so hat der Aufseher dem Worte Achtung die Dienststellung des revidierenden Beamten hinzuzufügen z. B. Achtung, der Herr Gefängnis-Vorsteher, der Herr Oberstaatsanwalt, der Herr Erste Staatsanwalt ec.

Gelegentliche Patzer der Gefangenen beim so befohlenen Formalritual dürften die Bediensteten ihrerseits durch besondere Akkuratesse wettgemacht haben, mit der Folge allerdings, daß dem Herrn Oberstaatsanwalt die Respektbekundungen über Gebühr zu Kopf gestiegen waren:

Bei Revisionen hat der Gefängnis-Beamte nur bei der ersten Meldung die rechte Hand an die Mütze zu legen. Hat im weiteren Verlauf der Revision der Beamte eine Meldung zu erstatten, eine Frage zu beantworten oder eine Bitte vorzutragen, so hat er dies in strammer militärischer Haltung zu tun, das Handanlegen an die Kopfbedeckung hat dann fortzubleiben.

7. Anwälte

Im Boxring des Rechts sind nicht zuletzt auch Nehmerqualitäten gefragt.

Als ein Vermieter seinem Mieter wegen eines von diesem geführten Mietprozesses so richtig die Meinung gegeigt hatte, gab es ein strafrechtliches Nachspiel in Form einer Anzeige. Der Anwalt des Mieters:

An Beschimpfungen fielen Worte wie «doofer Richter», «doofer Anwalt» und, bezogen auf meinen Mandanten, «Drecksack» sowie weitere Bemerkungen ähnlicher Qualität.

Zumindest der Unterzeichnende fühlt sich durch die Benennung als «doof» nicht beleidigt, sondern eher bestätigt.

Der Anzeigeerstatter fühlt sich aber beleidigt.

Doch auch Nachsicht kennt Grenzen. Wenn sich beispielsweise ein Gericht bei der Protokollierung eines zivilrechtlichen Vergleichs Ungehörigkeiten des nachfolgenden Kalibers leistet, ist jedes Maß voll!

Schriftsatz des betroffenen Anwalts:

In dem Rechtsstreit

Hinz ./. Kunz

stelle ich richtig:

1. daß ich keine Beklagtenvertreterin bin, sondern ein Beklagtenvertreter – das wird auch fürderhin so bleiben,

2. daß ich mich der Mühe unterzogen habe, erfolgreich zu promovieren,

3. daß mein Familienname sich in der zweiten Silbe mit...schreibt,

49

*4. daß der Kläger nach eigenem Bekunden Hinz heißt, worauf
die Klägervertreterin sowie der Beklagtenvertreter im Termin zur Vergleichsprotokollierung nachdrücklich hingewiesen
haben.*

Bezüglich Punkt 1. darf ich wohl mit einer Entschuldigung rechnen, Punkte 2.–4. nehme ich kopfschüttelnd zur Kenntnis.

Wie aber steht es um die eigene Zunft? Auch da kommt es zu
Flegeleien, die unverzeihlich sind, und einem Opfer tut es sicher
gut, wenn seine Sozietätspartner dann so entschlossen in die
Bresche springen wie hier:

*... tragen wir zum Schriftsatz der Gegenseite folgendes vor:
Wenn Herr Rechtsanwalt Dr. Fuchtig in diesem Verfahren «den
Kollegen Pfauenhöh» beschimpft, ihn bewußter Unwahrheit und
eines Verhaltens «ohne Rücksicht auf Wahrheit und Anstand»
bezichtigt, sollte er wenigstens selbstverständliche Höflichkeitsformen einhalten.*
*Er meint nämlich nicht den Kollegen Pfauenhöh, den es nicht
gibt, sondern den Kollegen Dr. Pfauenhöh.*

Aber auch ohne schmückenden Titel weiß die einfache Bürgerin: Je mehr eine Ehre mit Füßen getreten wird, desto schlimmer
die Beleidigung.

Der Georg Grell behauptet, ich wäre ein Ekelparkett.

Und jetzt unser höchstes deutsches Gericht, wie stets perfekt in
der Diktion und von beneidenswerter Eleganz:

*Die Behandlung des Menschen durch die öffentliche Hand, die
das Gesetz vollzieht, muß, wenn sie die Menschenwürde berühren soll, Ausdruck der Verachtung des Wertes, der dem Menschen
kraft seines Personseins zukommt, sein.*
(BVerfG, NJW 1971, 275)

Notarin, was führst du im Schilde? Aus einem Prüfungsbericht über eine Notarin, den eine beauftragte Richterin des Landgerichts im Rahmen der Dienstaufsicht verfaßt hatte:

Das Amtsschild enthält nur das Landeswappen und nicht die Aufschrift «Notar», wie es §3 Abs. 1 Satz 2 DONot vorsieht. Die fehlende Aufschrift möchte ich jedoch nicht beanstanden. Solange die Dienstordnung für Notare nicht die Aufschrift «Notarin» vorsieht, ist es einer Notarin meines Erachtens nicht zumutbar, die männliche Berufsbezeichnung zu verwenden.

Vier Jahre später und bei neuer Rechtslage konnte ein beauftragter Richter erleichtert feststellen:

Geändert hat sich gegenüber dem Vorbericht, daß nunmehr das Amtsschild die Aufschrift «Notarin» anführt, so daß eine verbale Vermännlichung nicht mehr zu besorgen ist.

Wirklich erfolgreich zu argumentieren vermag vor allem der Anwalt, der von der Klarheit seiner Ausführungen auch selbst überzeugt ist.

… wird auf einen telefonischen Hinweis des Berufungsbeklagtenvertreters klargestellt, daß die Berufung nicht für die ursprüngliche Beklagte zu 1. durchgeführt werden soll. Insoweit gibt es eine Unklarheit zwischen Rubrum und Antrag. Die Berufung wird nur für den Beklagten zu 2. und nicht auch für die Beklagte zu 1. eingelegt. Zur Vermeidung jeglicher Klarheiten wird die Berufung der Beklagten zu 1. vorsorglich zurückgenommen.

Bei Restzweifeln hilft oft ein Zitat. Das ist das Beeindruckende an der Juristerei.

Aufgrund der dargestellten Zustände hat die Darstellung des Beklagten, er sei nicht der Kläger, eine gewisse Wahrscheinlichkeit für sich (vgl. ZPO Baumbach u. a. § 114 Rdnr. 80 mwN).

Zitate sind wie würzende Zutaten, doch stets empfiehlt sich ein Blick auf die Mindesthaltbarkeit, denn nicht jedes Gericht findet Geschmack an Rechtshistorischem.

Die von der Verteidigung zur Begründung ihrer Rechtsauffassung, daß im vorliegenden Fall Verjährung eingetreten sei, herangezogene Entscheidung des OLG Celle ist seit beinahe einem Vierteljahrhundert überholt.

Mit seiner Bitte um Akteneinsicht verband ein Verteidiger schon vorab so eine ganz bestimmte Frage.

Bitte teilen Sie mir gleichzeitig noch mit, ob dort noch weitere Ermittlungsverfahren gegen meinen Mandanten grund des gleichenverwandten Tat bestimmte laufen?

Ah ... ja. Man muß schon sehr genau hinhören.

Mitunter passieren einer Kanzlei derart peinliche Fehler, daß man sie unmöglich vor Mandantschaft und Gericht stehen lassen kann.

... bitten wir in unserem letzten Schriftsatz folgende Schreibfehler zu gorrigieren:

Der Kampf gegen den Fehlerteufel ist stets ein erbitterter. Doch selbst der Polizei gelingt nicht jeder Exorzismus.

Die Überprüfung ergab, daß der Anzeigeerstatter ein falsches Datum genannt hatte. Nunmehr steht fest, daß sich der Vorfall gegen 04.00 Uhr ereignete und somit am Freitag, dem 34. 9. 2004 stattfand.

Sofern ihnen nicht gerade die

Argumentationsargumente

ausgegangen sind, wie ein Prozeßgegner frohlockte, erfreuen uns Anwälte regelmäßig mit treffsicheren Formulierungen:

Bei dem Zeugen handelt es sich um einen weitläufigen Verwandten aus der bekannten Millionärsfamilie Oetkers Backpulver.

Oder den Gesetzen der Logik, wie bei diesem verwaltungsgerichtlichen Streit um die Nichtversetzung einer Schülerin, wo sogar eine Prise Zynismus nicht fehlte:

Die Prognose, daß die Klägerin in der Oberstufe nicht bestehen kann, weist die Klägerin zurück, da sie rein hypothetisch ist. Ein Beweis ist nur möglich, wenn die Klägerin in die Klasse 11 versetzt wird.

Aber auch ohne juristischen Beistand sind Bürger zu stringenter Logik fähig.

Mir ist nicht bewußt gewesen, daß ich unbewußt Steuerhinterziehung begangen habe.

Und einen Tatvorwurf derart zu zerpflücken, ihn in alle Winde zu zerstreuen, daß vom Beschuldigtenstatus am Ende nichts mehr übrig bleibt, auch das trauen sich welche zu.

Ich brauche kein Anwalt ich verteile mich selba

Daß Rechtsanwälte mit ihren Mandanten nicht ausnahmslos glücklich sind, verrät sich manchmal an Kleinigkeiten.

Namens und im Auftrag der Klägerin, die ich unverzüglich nachreichen werde, erhebe ich Klage und beantrage…

Hochzufrieden indes ist jeder Anwalt, dessen Kundschaft in der Lage ist, den relevanten Sachverhalt selbst geordnet darzustellen, vielleicht sogar versehen mit vernünftigen Schlußfolgerungen, so daß sich dieses Schreiben kurzerhand als eigener Vortrag in den anwaltlichen Schriftsatz einrücken läßt, was selbstverständlich enorm Zeit erspart. Daß sich bei derartigem Vertrauen auch die Arbeit an der Unterschriftenmappe mechanisieren läßt, macht die Sache besonders erfreulich. So endete ein Schriftsatz, der bei Gericht einging, mit den Worten:

Ob das alles so richtig ist, weiß ich nicht, denn ich bin schließlich kein Rechtsanwalt.

Unterschrift, Rechtsanwalt

Nach solchen Pannen läßt sich dann immer noch behaupten, der Mandant sei halt kein großes Licht gewesen.

In dieser Sache teile ich mit, daß mein Mandant erloschen ist.

Was viele Anwälte fürchten, hier war es eingetreten: Bei wirklich groben Schnitzern ist man plötzlich nur noch Luft für das Gericht.

Da sich Ihre Beschwerde auf keinen vorhandenen Beschluß bezieht, betrachte ich Sie ebenso als gegenstandslos wie die jetzt erfolgte Beschwerderücknahme.

Nicht selten werden Verteidiger erst eingeschaltet, nachdem der Mandant bereits Fakten im Verfahren geschaffen hat. Hier wünschte sich manch entnervter Anwalt so etwas wie ein ureigenes Recht auf Wiedereinsetzung in den vorigen Stand. Solange sich der Gesetzgeber aber zu solchen Schutzmaßnahmen nicht durchringen mag, bleiben nur Hilfskonstruktionen.

... zeige ich unter Hinweis auf die Vollmacht an, daß ich den Beschuldigten vertrete und verteidige.
Ich bitte, zukünftigen Schriftverkehr ausschließlich über meine Kanzlei zu führen.
Vorsorglich erkläre ich für meinen Mandanten ausdrücklich den

WIDERRUF

sämtlicher bisher abgegebener Erklärungen sowie Einlassungen zur Sache.

Ein Strickmuster, das sich dieser Angeklagte abgeguckt hatte. Gericht und Staatsanwaltschaft ließ er kategorisch wissen:

Hiermit werden sämtliche Anklageschriften bis auf weiteres widerrufen.

Und ein vorübergehend wankelmütig gewordener Anzeigeerstatter (ein Fallrückzieher, wenn Sie so wollen) faßte unter folgendem Betreff wieder Tritt:

Rückzug meines Schreibens «Rückzug aller Strafanträge»

Als ehrliche Haut erwies sich diese Verteidigerin, die aus ihrem Herzen keine Mördergrube machen wollte und schon im allerersten Schriftsatz verriet:

… zeige ich an, daß ich die Schuldige vertrete. Zugleich erbitte ich Akteneinsicht.

Der Beschluß, durch den ein Gericht eine Anklage zur Hauptverhandlung zuläßt und das Hauptverfahren eröffnet, kann vom Angeklagten nicht mehr angefochten werden. Einem versierten Strafverteidiger fällt aber vielleicht doch noch was ein.

Ich erhebe gegen die Eröffnung des Hauptverfahrens das Rechtsmittel der Gegenvorstellung und beantrage: Das eröffnete Hauptverfahren wird wieder verschlossen. Der Verschluß sollte dauerhaft sein.

Lieber dauerhaft als Einzelhaft.

Bemühungen der Verteidigung in einer Gnadensache:

So machte mein Mandant in der Hauptverhandlung einen reumütigen und sonst auch sehr guten Eindruck, der mit an Sicherheit grenzender Wahrscheinlichkeit nicht wieder rückfällig werden wird.

Mit anderen Worten: einen bleibenden Eindruck.

Für jemanden, der seine Krankenversicherung nachhaltig mit betrügerischen Machenschaften verärgert hatte, versuchte sein Anwalt unter Berufung auf den Rechtsstaat eine Tragödie abzuwenden.

Der Ausschluß aus der Krankenversicherung bedeutet das faktische Behandlungsende einer akuten Erkrankung. Damit kommt der Ausschluß einer lebensverkürzenden Maßnahme gleich. Das ist unzumutbar und grundgesetzwidrig, da hier die «Todesstrafe» über die Hintertür eingeführt werden könnte.

Es ist eben das spürbare persönliche Engagement, das manche Schriftsätze so sympathisch macht.

Dem Unterzeichneten ist sehr daran gelegen, daß der Mandantin, welche schließlich mehrere Kinder zu betreuen hat, der Druck des Verfahrens bald genommen wird.
Es gibt leider immer weniger Mütter in unserem Lande, welche uns Kinder bescheren.

In einem Fall jedoch konnte die Staatsanwaltschaft immerhin feststellen:

Der Angeschuldigte lebt nunmehr mit der Zeugin Seifert zusammen, von der er ein Kind erwartet.

Wenn ein Anwalt es sehr geschickt anstellt, blitzt an passender Stelle sogar seine Lebenserfahrenheit auf.

Die Antragstellerin hatte mit Herrn Schmöller eine ausgesprochene Liebesbeziehung, bis es zur Heirat kam.

Bestimmte Spezialerfahrungen nötigen allerdings, so zu tun, als sei das ausschließlich die Domäne von Experten.

... wird der Sachvortrag der Klägerin bestritten. Es ist nicht richtig, daß die Bluse mangelhaft gewesen wäre. Es wird auch bestritten, daß die Bluse nur einmal getragen und nicht gewaschen wurde. Soweit die Zeugin Lehnert das beurteilen

konnte, war die Bluse längerfristig getragen und gewaschen worden.

Beweis: Zeugnis der Frau Lehnert

Angemerkt sei, daß Nähte auch durch Überbeanspruchung reißen können: «Wo rohe Kräfte sinnlos walten, kann keine Naht die Bluse halten.»

Beweis: Sachverständigengutachten

Aber nicht nur Blusen, auch Anwälte sind starker Belastung ausgesetzt, was die Staatsanwaltschaft in ihrer bekannt sensiblen Art durchaus zu berücksichtigen weiß.

Ein weiterer Schriftsatz hat mich bislang nicht erreicht. Ich halte deshalb Anfrage, ob noch eine Beschwerdebegründung abgegeben werden soll oder ob die Beschwerde Sie inzwischen erledigt hat.

Selbst wenn das Schlimmste eintritt, traut die Justiz einem zähen Anwalt offensichtlich zu, daß er eines jungen Tages wieder mitmischt.

Gerichtliche Anweisung an die Systemverwaltung im Haus:

Ich bitte darum, den verstorbenen Rechtsanwalt langfristig aus der Datei zu löschen.

Aber eben nur «langfristig».

Was sicher auch im nächsten Fall das Mittel der Wahl war. In diesen schweren Zeiten längst kaltgestellt, überließ es ein Anwalt seiner Kollegin, seinen letzten Schriftsatz zu unterzeichnen. Sie tat es mit dem Zusatz:

(für den nach Diktat vereisten Rechtsanwalt Schmidt)

Welche Vorstellungen ein Diktat begleiten, läßt sich oft nur vage erahnen.

Mein Mandant und seine Freundin haben sich inzwischen ausge-
sprochen und leben teilweise wieder zusammen.

Fragt sich nur, mit welchem Teil.

Und obwohl der Buß- und Bettag bekanntlich immer auf einen
Mittwoch fällt, formulierte ein Anwalt:

Da der Buß- und Bettag gewöhnlich in der Regel auf einen Mitt-
woch fällt …

Dafür können wir uns im letzten Fall über Zweideutigkeiten
nicht beklagen. Als sich der Eigentümer eines Hauses in idylli-
scher Lage am Stadtpark um seine Ruhe gebracht sah, weil die
Stadt auf dem Areal einen Freizeitpark mit Bierfesten und dergleichen einrichtete, schaltete er seinen Anwalt ein. Der bean-
tragte beim Verwaltungsgericht eine einstweilige Anordnung,
wonach der Stadt aufgegeben sei, im Stadtpark die Erzeugung
von Lärm in bestimmten Zeiten zu unterlassen, ein Antrag, der
bei Gericht beachtliche Popularität erlangte, zielte er doch eindeutig darauf ab, der Stadt aufzugeben,

daß im Stadtpark die Zeugung mit Lärm von mehr als 75 Dezi-
bel in der Zeit von 8–22 Uhr und von mehr als 50 Dezibel in der
Zeit von 22–8 Uhr zu unterlassen ist.

8. Alkohol

Von Blutproben und dergleichen hält der Laie nichts, er bevorzugt einfachere Methoden.

Ich fühlte mich noch fahrtüchtig, denn ich fand ohne Mühe das Tür- und Zündschloß.

Gab eine Beschuldigte zu Protokoll, die man mit 2,18 Promille erwischt hatte.

Alkoholkonsum wird eben gern verharmlost.

Ich kehrte in der Gaststätte Bergmann ein. Dort trank ich 6 Flaschen Bier, 4 Schnäpse und andere alkoholfreie Getränke.

Der Gesetzgeber ist da nicht ganz unschuldig.

Bier und ähnliche Getränke mit einem Alkoholgehalt von weniger als 12 Raumhundertteilen... gelten nicht als alkoholische Waren.
§ 1 des Gesetzes über die Verfrachtung alkoholischer Waren (Bundesgesetzblatt I 1975, 289).

Aber Scherz beiseite. Selbst Getränke, die laut Etikett nicht zu den alkoholischen zählen, können einen gewissen Alkoholgehalt aufweisen. Das gilt namentlich für «alkoholfreies Bier», mag der minimale Alkoholgehalt von allenfalls 0,5 Volumenprozent auch lediglich dem von Fruchtsäften entsprechen.
Wenn man das hört, liegt die Frage nicht ganz fern, ob der Genuß von «alkoholfreiem» Bier nicht vielleicht doch die Fahrtüchtigkeit beeinträchtigen kann. Dieses Problem beunruhigte vor Jahren die Binding-Brauerei («Clausthaler»). Sie ließ es deshalb wissenschaftlich untersuchen. Die Experten, die ihre Er-

gebnisse in der Fachzeitschrift «Blutalkohol» vorstellten (1983, S. 252 ff.), kamen zu dem erstaunlichen Ergebnis, daß sich auch mit «alkoholfreiem» Bier die durchaus ernst zu nehmende Blutalkoholkonzentration von 0,8 Promille aufbauen ließe. Allerdings gehört schon einiges dazu. So müßte ein 75 Kilogramm schwerer Mann immerhin 12 Liter von dem Gebräu in sich hineinschütten, und das, bitte schön, auch noch in einer einzigen Stunde!

Unterm Strich also eine eher theoretische Gefahr für den Straßenverkehr, praktisch dürften Versuche schon daran scheitern, daß der Handel kaum das kennt, was so dringend benötigt würde: Autos mit eingebautem Toilettensitz.

Über die 0,8-Promille-Grenze schrieb damals die Neue Cuxhavener Zeitung:

Ohne Debatte ließ der Bundesrat den Gesetzentwurf zur Einführung der 0,8-Promille-Grenze im Straßenverkehr passieren. Diese Ordnungswidrigkeit soll mit 1000 und bei Fahrlässigkeit mit 500 Mark Geldbuße geahndet werden.

Berichtet wurde auch über einen Autofahrer, der sich erst noch rasch Einzelheiten des feuchtfröhlichen Abends durch den Kopf gehen ließ, bevor er sich den Fragen der Polizei stellte.

… der Alkoholisierte kam nicht weit. Er hielt an, stieg aus und übergab sich. Das war natürlich für die herankommenden Polizisten ein gefundenes Fressen.

Mit Alkohol und seinen Auswirkungen kennt die Polizei sich bestens aus, rein dienstlich, versteht sich. So hatte sich seinerzeit der Bundesgrenzschutz als Nachfolger der Bahnpolizei für Ermittlungen einschlägiger Art mit einem Formular bewaffnet, in das nun wirklich das ganze geballte Erfahrungswissen aus dem Umgang mit Besoffenen eingeflossen war.

Unter «Auffällige Merkmale» wurde beispielsweise zum Ankreuzen angeboten:

Gang: o unauffällig, o unsicher, o schwankend, o schaukelnd, o torkelnd, o schleppend, o Beine knickten weg, o konnte sich nicht aufrecht halten, o mußte beim Gehen gestützt werden

Sprache: o unauffällig, o verwaschen, o undeutlich, o schleppend, o lallend, o stolpernd, o mit schwerer Zunge

Augen: o klar, o trübe, o glänzend, o flackernd, o unruhig, o gerötet, o verquollen, o stark erweiterte oder verengte Pupillen

Kleidung: o geordnet, o verschmutzt (vom Hinfallen oder Erbrochenem), o nachlässig, o ungeordnet, o Hemd herausgerutscht, o Hosenlatz nicht geschlossen, o ohne Schuhe

Früher konnte ich über einen Arzt berichten, der bei einer Blutprobenentnahme das gängige Formular für die Untersuchungsbefunde ergänzen mußte, weil die Vorgaben nicht paßten. Zu lesen war anschließend, die Stimmungslage des zur Wache verfrachteten Autofahrers sei «fröhlich» gewesen.

Ein polizeilicher Vordruck, mit dem Beeinträchtigungen der Fahrtüchtigkeit von kontrollierten Autofahrern erfaßt werden, sieht diese Befindlichkeit inzwischen ausdrücklich vor, rückt sie allerdings auch ins rechte Licht. Denn wie können ertappte Promillesünder nach Meinung der Polizei wohl allenfalls sein? Richtig:

unangemessen fröhlich

Statt ihre Anheiterung vor den Beamten auszuleben, bitten andere lieber um gut Wetter. Frauen mit Charme schalten womöglich ihre

Warmblickanlage

ein, eine Vorrichtung, deren Entdeckung wir dem Schriftsatz eines Verkehrsanwalts verdanken. Männer wittern ihre Chance schon eher in der Schriftprobe, die ihnen für das Blutentnahmeprotokoll abverlangt wird und deren Inhalt sie frei wählen dürfen. Hier ein gelungenes Beispiel:

So etwas freut die Beamten natürlich. Doch ganz gleich, wie man sich aufführt, gepunktet wird fast immer, und zwar spätestens beim Kraftfahrt-Bundesamt in Flensburg.

Da Geldbußen und Strafen nicht gerade niedrig ausfallen, folgt ein Aderlaß dem anderen – allerdings mit Ausnahmen:

Eine Blutentnahme scheiterte infolge von Ungeeignetheit der Venen.

Unangemessene Fröhlichkeit wollte trotzdem nicht aufkommen, denn die Beamten setzten den Kandidaten kurzerhand an den Alcomaten. Dort konnte er der Polizei was pusten.

Nicht immer sind der Polizei so komfortable Abfangpositionen beschieden wie Parkplatzausfahrten in Disconähe, manchmal muß sie sich erst mühsam auf die Suche begeben, zum Beispiel in den Wäldern unseres Harzes.

Aus einem Polizeireport:

Am 9. 12. gegen 7.15 Uhr meldete sich die Beschuldigte über Notruf auf der hiesigen Dienststelle. Sie gab an, sich mit ihrem Pkw im Wald zwischen Osterode und Herzberg verfahren zu haben. Sie stecke mit ihrem Pkw im Matsch auf einem Waldweg fest und wisse nicht, wo sie sei.

Ein Streifenwagen wird in das Gebiet entsandt. Zu diesen Beamten Kontakt herzustellen, was die Suche sehr erleichtert hätte, bringt die Frau nicht fertig. Weder vermag sie die eigene Handynummer zu nennen noch eine Telefonnummer zu notieren, nur halt den Notruf zu betätigen, das gelingt ihr grad noch so. Ursache: Die Dame ist hackenvoll. Wie man später erfährt, hatte sie zuvor an einer Tankstelle

Nachschub an Stoff (gemeint ist Alkohol) geholt und dabei Lust bekommen, noch etwas herumzufahren.

Eine Fahrt ins Blaue also, und dieses Nachtanken macht den Absturz so richtig perfekt.

8.20 Uhr, der nächste Notruf.

Mittlerweile sei ihr Pkw einen steilen Abhang herunter gerutscht und drohe weiter in die Tiefe zu stürzen. Sie selbst befinde sich «in einer tiefen Schlucht, tief im Wald, irgendwo in der Pampa».

Wer die ausgetretenen Pfade verläßt und auf Abwege gerät, dem kann der Arm des Gesetzes nur die Gegenrichtung weisen:

In drei weiteren Anrufen konnte die Beschuldigte dann überzeugt werden, ihr Fahrzeug zu verlassen und auf dem Weg bis zu einem Schild zurückzugehen, um so einen Hinweis auf ihren Aufenthaltsort zu geben.

Das hat dann irgendwann Erfolg, und nun endlich können die Beamten gezielt suchen und sie schließlich auch finden.

Wir folgten dem Weg und trafen die Beschuldigte an einem Wegweiser stehend. Sie war völlig aufgelöst und machte, noch bevor sie belehrt werden konnte, Angaben zum Hergang: «Ich bin gefahren.»

Wenigstens geradestehen wollte sie also für ihre Missetat, mochte das auch im Moment, bei knapp 2 Promille, noch nicht sonderlich gut gelingen.

Nach diesem fast sprudelnden Geständnis kommt die Wahrheit im nächsten Fall nur tröpfchenweise ans Licht.

Bei der Kontrolle wurde Alkoholgeruch in der Atemluft des Pkw-Fahrers festgestellt. Auf die Frage nach dem Alkoholgenuß

antwortete er, daß er ein Bier getrunken habe. Eine Atemalko-
holprüfung ergab dann 1,75 Promille. Als ihm dieses Ergebnis
vorgehalten wurde, gab der Fahrer an, dann eben zwei Bier ge-
trunken zu haben.

Trunkenheitsfahrten kennzeichnen den Arbeitsalltag des Straf-
richters bis zum Überdruß. Kein Wunder, wenn sich da im
Laufe der Jahre ein gewisser Sarkasmus einschleicht, der selbst
vor den Kollegen aus der höheren Instanz nicht haltmacht.

Aus dem Urteil eines Amtsgerichts:

Der Angeklagte ist zugewanderter Alkoholiker. Er sagt, er sei
Diplomingenieur für Maschinenbau. Seinen Beruf will oder kann
er nicht ausüben. Das Sozialstaatsprinzip ermöglicht ihm ein
sorgenfreies Auskommen.
Am 7. 6. 1993 rangierte er mit seinem Auto auf dem Parkplatz,
der zu seiner Wohnung gehört. Obwohl ausreichend Raum war,
fuhr er rückwärts gegen ein fremdes Auto, und zwar mehrfach so
kräftig, daß es nach und nach um einen Meter zur Seite geboxt
wurde. Der Schaden belief sich auf etwa DM 1500,–. Danach
fuhr der Angeklagte in ausgeprägter Sinuslinie davon. Die Poli-
zei fand ihn und seine Ehefrau später auf einer Wiese neben
ihrem Auto liegend, dem Delirium nahe. Die Frau war nicht an-
sprechbar; der Angeklagte hatte eine Blutalkoholkonzentration
von mindestens 3,30 Promille.

Er läßt sich ein:
Stocknüchtern habe er die Fahrt angetreten. Stocknüchtern habe
er ein paarmal das fremde Auto gerammt. Dieses habe die Beule
schon vorher gehabt. Daher sei er weitergefahren, habe Wodka
gekauft und sich aus Kummer über seinen ungeratenen Sohn
betrunken.
Diese Einlassung ist reine Konstruktion. Sie paßt überhaupt nicht
zur Situation. Eine verblüffende Parallele findet sich in dem Ver-
fahren 31 Ds 27 Js 895/90: Auch dort war nach einem mißglück-
ten Parkmanöver bei dem Angeklagten eine Blutalkoholkon-

zentration von über 2,50 Promille festgestellt worden. Auch damals hatte der Angeklagte Nachtrunk behauptet, und die Berufungskammer hatte das geglaubt.

Geglaubt, weil die Kammer offenbar selbst im Suff entschieden hatte. Denn:

Der Amtsrichter sieht die Sache vorliegend nüchtern: Wer ein fremdes Fahrzeug immer wieder so kräftig rammt, daß es um einen Meter zur Seite versetzt wird und dann in Schlangenlinien davonfährt, war mit Sicherheit schon in diesem Zeitpunkt alkoholbedingt fahruntüchtig.
Auch diesmal konnte die Ehefrau des Angeklagten nicht viel zur Wahrheitsfindung beitragen. Sie ist seine Trinkgefährtin. Von der Polizei wurde sie fast bewußtlos aufgefunden. Später soll klare Erinnerung an den Vorgang eingesetzt haben. Das erscheint unglaubhaft.

Zivilrechtsstreit um geborstene Steingutröhren und einen Gebäudeschaden:

Der Unterzeichner geht davon aus, daß der gegnerische Prozeßbevollmächtigte in den Fällen, in denen er von «Brandwasser» spricht, jeweils den Begriff Brauchwasser oder auch gebrauchtes Wasser meint. Nur rein vorsorglich sei darauf hingewiesen, daß hier keineswegs gebrannte Wässer in die Röhren eingeleitet wurden.

Das kommt wohl dabei raus, wenn man am hellichten Tag aus Flaschen mit so unschuldigen Etiketten wie «Kirschwasser» oder «Zwetschgenwasser» die falschen Schlücke zieht.

Auch in Gutachterkreisen scheint man einem guten Tropfen nicht abgeneigt, wie uns in einem Strafverfahren der Gutachter der Geschädigten mitteilt:

Es ist nicht gänzlich ausgeschlossen, daß der Angeklagte beim damaligen Tatgeschehen die Ablehnung der Geschädigten möglicherweise nicht ernst und durchgängig als solche einschätzte.

*Das muß aber in der Hauptverhandlung evtl. noch weiter ge-
klärt werden, evtl. gemeinsam mit meinem Kollegen Dr. Fröhlich, der seinerseits den Angeklagten begutachtet hat. Beide Personen waren damals im übrigen alkoholisiert.*

Alkoholmißbrauch war zu allen Zeiten ein Problem. Hier ein
polizeilicher Vermerk aus den sechziger Jahren:

*Der Geschädigte teilt fernmündlich mit, daß soeben eine männ-
liche Person nach Erbrechen einer Fensterscheibe in sein Haus
eingestiegen sei. Die Person sei betrunken und ihr Benehmen
nicht beispielhaft.*

Aber erklärbar:

*Es handelt sich um Emil Pichel. Er ist als harmloser Bürger be-
kannt, welcher natürlich sehr zum Trunke neigt.*

Natürlich.

Reichlich abgefüllt ging es auch hier zu:

*Nach dem Ergebnis der bisherigen Ermittlungen besteht ein Sor-
timent aus 12 verschiedenen etwa 10 cm hohen Keramikköpfen,
die die Gesichtszüge von Politikern tragen. Zu diesem Sortiment
gehört auch eine Darstellung Adolf Hitlers, wobei im Brustbe-
reich ein Hakenkreuz abgebildet ist. Die Köpfe sind hohl und
mit Likör gefüllt.*

Alkoholisierte Männer sehen zuweilen sogar die eigene Frau
doppelt. Glauben diese.

*In unserem Haushalt war eine Feierlichkeit bezüglich der Ein-
schulung von unserem Kind. In Folge vom Alkohol zu später Zeit
verwechselte mein Ehemann auch mal meine Person und küßte
die Frau Geyer.*
*Soweit ich und mein Mann es beurteilen, glaubte oder erhoffte
sich diese Frau Geyer von meinem Mann weiteres, was aber nicht
der Fall ist.*

Manch fröhliches Gelage läßt bereits erahnen, daß es mit Delirium und stationären Maßnahmen enden wird.

Gegen 01.45 Uhr rief die Anzeigeerstatterin an und teilte mit, daß sie aufgrund einer Einweisungsfeier bei ihren Nachbarn nicht schlafen könne.

Über einen Alkoholiker, der schwer an seiner Krankheit trug, verriet ein Urteil:

Der Angeklagte ist seit etwa 15 Jahren alkoholabhängig. Zur Zeit trägt er etwa 10 bis 15 Dosen Bier täglich.

Die entscheidende Frage jedoch, ob er sie zu Hause auch austrank, ließ die Kammer offen.

Ihn endlich trockenzulegen, diese Absicht stand hinter der Weisung des Gerichts, der Angeklagte habe sich in der Bewährungszeit einer ambulanten Alkoholtherapie zu unterziehen. Gespannt auf die ersten Fortschritte, rief der Richter nach einigen Wochen den behandelnden Arzt an.

Dr. Schrader beschreibt den Verurteilten als einen Mann, der einen ziemlich festen Tagesablauf hat, pünktlich erscheine und in der Regel von 11–13 Uhr sowie von 16–20 Uhr in der Kneipe saufe. Für eine Therapie sei bei ihm keine Einsicht vorhanden.

Wer einer geregelten Tätigkeit in der Weise nachgeht, daß er ständig in einer Bar erst Drinks und dann vom Hocker kippt, dessen Lebenswandel gibt an sich zu größter Sorge Anlaß. Eine Justizvollzugsanstalt hielt es gleichwohl für einen Beruf.

Berufsbezeichnung	Zeitraum von – bis
Barkipper im Restaurant	ca. 1 Jahr (1998–1999)

Die Leidtragenden sind am Ende die Vollzugsbeamten, denn in Ausführung raffinierter Fluchtpläne zieht man sie in den Alkoholsumpf mit hinein.

Aus einer Strafanzeige der Gefängnisleitung:

Ich stelle Strafantrag gegen die obigen Gefangenen. Sie haben den Ausbruch aktiv geplant und hierbei billigend in Kauf genommen, Leib und Leber der Bediensteten zu gefährden.

9. Verkehr

Der Umweltschutz genießt bei uns inzwischen zu Recht Verfassungsrang (Art. 20 a GG), man begegnet seiner Großschreibung aber auch an unvermutetem Ort.

Polizeiliche Strafanzeige:

Der Beschuldigte legte sich mit seinem Körper auf die Fahrbahn der Bundesstraße. Er hat dadurch dem Kombifahrer ein Hindernis bereitet. Dieser Fahrer hätte bei seinem Ausweichmanöver ins Schleudern geraten, sich mit seinem Fahrzeug überschlagen und getötet werden oder sogar gegen einen dort stehenden Lindenbaum fahren können.

Des Mannes liebstes Kind sei sein Auto, wird zuweilen behauptet. Ein Zeuge:

Da waren also seine vier Töchter und ein Sohn, denen ihr Vater die Türen einschlug, damit sie sich nicht einschließen konnten. Der Mann war eben groß und stark; wo er hinfaßte und hintrat, gab es Bruch. Nur an einer Stelle war er vorsichtig und rücksichtsvoll, an seinem Kraftfahrzeug, hier zerbrach er keine Schlüssel, sonst hätte er nicht fahren können.

Unfallbericht über einen problematischen Verkehrsvorgang:

Der Beschuldigte verlor die Gewalt über den Wagen, fuhr auf den linken Bürgersteig und stieg dort auf die Zeugin, die er erheblich verletzte.

Warum hier nicht das verhängen, was ein Linienbusfahrer einem renitenten Fahrgast erteilte:

ein Besteigeverbot.

Zur persönlichen Haftung beim Absteigen:

Beim Durchfahren einer Linkskurve kam der Kradfahrer vermutlich infolge zu hoher Geschwindigkeit ins Schleudern, stieg von seinem Krad ab und prallte persönlich gegen die angrenzende Böschung. Das Krad rutschte führerlos noch ca. 60 m über die Fahrbahn.

Stets brennend, die Frage nach der Unfallursache.

Der Pkw 01 befuhr die Landstraße in Richtung Norden. Beim Versuch, sich eine Zigarette anzustecken, kam der Pkw 01 nach rechts von der Fahrbahn ab.

Was ein eitler Zeitgenosse ist, der hetzt zu jedem sich nur bietenden Fototermin.

Der Fahrer hat sich nicht auf der Linksabbiegespur eingeordnet, sondern auf der Geradeausspur, um in Richtung Stadt weiterfahren zu können, um dort geblitzt zu werden.

Uns anderen ist so etwas lästig, zumal die Qualität der amtlichen Fotoarbeiten oft sehr zu wünschen übrig läßt. Im Ernstfall können sich viele darauf ja nicht einmal entdecken! Vorsicht, Leute, da steht dann schnell mal Besuch von der Polizei oder, wie hier, vom Ordnungsamt auf der Matte, und wer jetzt als Verdächtiger die Tür öffnet, sieht sich einer gründlichen, streng an Individualmerkmalen orientierten Musterung ausgesetzt.

Ermittlungsergebnis: Fridolin Schnelle

Wir haben Herrn Fridolin Schnelle in Augenschein genommen. Folgende Merkmale sind vorhanden:
1. Gesicht
2. Nase
3. Ohren
4. Hals

Wir halten Herrn Fridolin Schnelle mit aller Wahrscheinlichkeit für den Fahrzeugführer.

So viel Raffinesse will erst einmal gekontert sein. Deshalb reisen ganz Schlaue auch ganz anders, und zwar auf die subtile Masche. Als Getriebene ihrer Ängste appellieren sie an das psychologische Feingefühl der staatlichen Verfolger und setzen auf Herzerweichung.

Ich befuhr vormittags die BAB 7 in Richtung Nord. Hierbei konzentrierte ich mich im Bereich der Werra-Brücke auf die zulässige Höchstgeschwindigkeit, die ich auch nachweislich einhielt. Auf der Brücke, kurz vor der Aufhebung der Geschwindigkeitsbegrenzung, bemerkte ich einen schwarzen 3er BMW, dessen Beleuchtung mich stark irritierte. Ich fühlte mich auf der Brücke, auf der ich in den zurückliegenden Jahren etliche schwere Verkehrsunfälle miterleben mußte, durch diese schrecklichen Erinnerungen psychisch stark unter Druck gesetzt. Durch die Assoziation mit diesen grauenvollen Bildern sah ich für mich intuitiv nur die Möglichkeit, dieser unerträglichen Situation zu entfliehen. Möglicherweise habe ich in dieser Notsituation Gas gegeben und auf den letzten Metern der Geschwindigkeitsbegrenzung die von mir vorher eingehaltene Höchstgeschwindigkeit von 100 km/h überschritten.

Wer's lieber schlichter mag, auch dazu ein Beispiel:

Zuerst habe ich die Geschwindigkeit auch eingehalten. Dann hatte ich das Bedürfnis, meinen Fuß zu strecken, und bin bei der Gelegenheit auf das Gaspedal gekommen, und schon hat es geblitzt.

Relativ beliebt ist auch, die Zuverlässigkeit der Meßgeräte in Zweifel zu ziehen. So argumentierte ein Verteidiger, es liege eine Abtastfehlmessung vor, die dadurch entstanden sei,

daß die am Pkw des Betroffenen, Typ Porsche, befindlichen Stufenprofile (vorne verchromt und herausragende breite Kühlerhaube nebst Heckspoiler) bauartbedingt (spiegel-symmetrisch) reflektierend (fehl-)gemessen wurden.

Das beeindruckte allenfalls verbal. Aus der Stellungnahme der Generalstaatsanwaltschaft zur Rechtsbeschwerde des Betroffenen, gerichtet an den Bußgeldsenat des Oberlandesgerichts:

Tatsächlich liegt in dem Beweisantrag, die Messung sei ungenau gewesen, nur eine realitätsferne Selbstüberschätzung des Betroffenen wie auch manch anderer Porschefahrer: Sie glauben, sie hätten mit dem Kauf eines Porsche nicht ein Auto mit vier Rädern, sondern einen «Tarnkappenbomber» erworben, mit dem sie hemmungslos das polizeiliche «Radar» unterfliegen können. Dem ist aber nicht so, wie viele andere gleichgelagerte Ordnungswidrigkeitenverfahren zeigen.

In Rechtsbeschwerden wird viel vorgetragen, ob auch immer die Wahrheit, steht auf einem anderen Blatt. Doch existiert keine Vorschrift, die eine Verteidigung zwänge, ihre Karten auch aufzudecken.

Ich rüge die Verletzung formellen und materiellen Rechts.
Die Sachlüge wird allgemein erhoben.

Vorbehalte gegenüber den Meßgeräten sind im übrigen unangebracht, denn selbst extreme Spitzengeschwindigkeiten und brenzlige Abstände werden noch erstaunlich exakt aufgezeichnet.

Tatvorwurf:
Sie hielten bei einer Geschwindigkeit von 453 km/h den erforderlichen Abstand von 226,5 m zum vorausfahrenden Fahrzeug nicht ein. Ihr Abstand betrug 1340 m und damit weniger als 4/10 des halben Tachowertes. Toleranzen sind zu Ihren Gunsten berücksichtigt.
Beweismittel: Meßgerät Police Pilot PDRS-1245, Video-Band-Aufzeichnung

Ein der Zeichensprache kundiges Opfer wußte zu berichten:

Als die Autobahn wieder 3-spurig wurde, zog er an uns vorbei, blieb auf Fahrerhöhe und zeigte uns Scheibenwischer und Vogel.

Dann gab er Gas, nötigte die anderen Fahrzeuge und fuhr seinen Stil fort.

Selbst aus einem Auto heraus bieten sich ganz unterschiedliche Möglichkeiten der Kommunikation. Bei dieser Hakelei im Stadtverkehr wurde sogar die Schriftform bevorzugt.

Als der Fahrer zur Kenntnis nahm, daß sein Kennzeichen notiert wurde, zeigte er anstelle einer Entschuldigung einen Zettel an das Fenster mit der Aufschrift «Arschloch».

Daß derartige Titulierungen dann immer noch der Interpretation zugänglich sind, bewies diese Einlassung zu einem Disput mit einem Buskontrolleur:

Das Wort «Idiot» habe ich in diesem Zusammenhang nicht benutzt. Es erscheint mir auch wenig angemessen, da ein Idiot jemand ist, der Dummes tut, weil er es aufgrund eines minderbemittelten Geistes nicht besser weiß. Ein «Arschloch» ist hingegen, wer vorsätzlich eine ungerechte oder unfaire Handlung vornimmt und damit einem Mitmenschen bewußt schadet. In diesem Sinne war nach meiner damaligen Empfindung in der nämlichen Situation die Bezeichnung angemessen.

Wer Mißverständnisse vermeiden will, sollte bei der Zeichensprache schon sehr genau hinsehen. Aus einer polizeilichen Strafanzeige:

Der Beschuldigte befand sich auf dem gegenüberliegenden Fußweg. Als er den Streifenwagen bemerkte, drehte er sich in unsere Richtung, sah uns lächelnd an und machte mit der rechten Hand mehrfach eine abfällige Bewegung in seinem Genitalbereich (Onanierbewegung).

Soweit der Vorwurf. Und nun die Aussage des Beschuldigten:

Auf dem Weg nach Hause fuhr ein Kollege mit seinem Auto an mir vorbei. Er hatte an der vorigen Ampel einen Kavalierstart hingelegt. Während er immer mehr beschleunigte und an mir vorbei fuhr, freute ich mich über dieses Ereignis, ballte meine Faust und schüttelte kurz den Arm hin und her. Mit diesem Verhalten wollte ich den Fahrer anspornen, daß er noch mehr Gas geben sollte. Nun schaute ich mich um. Auf der anderen Straßenseite sah ich die Polizei, sie schien sich angesprochen zu fühlen. Ich kann nur hiermit nochmals sagen, daß dies keine Onanierbewegung war und auch die ballende Faust nicht für die Polizei gedacht war.

Und wenn schon das Stichwort fällt: Das, was ein junger Mann da immer wieder in seiner Wohnung veranstaltete und was regelmäßig zu einer akustischen Belästigung seiner hellhörigen Nachbarn führte, bezeichnete der schließlich zur Rede Gestellte als

nonverbale autosexuelle Entspannungsübungen.

Er hätte genauso gut auch «Autoverkehr» sagen können, womit der Bogen wieder geschlagen wäre.

Geradezu tierisch regte sich dieser Autofahrer auf:

Was den Bußgeldbescheid dieser Politkommissare betrifft, ob nun die beiden Herren oder zwei dressierte Affen dort sitzen, macht nur im Preis einen Unterschied.

Mitarbeiter des Bundesamtes für Güterverkehr (BAG) können da noch am ehesten auf Nachsicht hoffen.

Ich kann verstehen, daß Sie durch Wegelagerei viel Geld eintreiben müssen. Ihre Mitarbeiter sehen ja aus, als würden sie die gebrauchten Uniformen der Hamburger Heilsarmee auftragen.

Allerdings eine sehr begrenzte Nachsicht:

Sollte ich in Zukunft von der Polizei, BAG oder anderen Schülerlotsen belästigt werden, muß ich Sie warnen. Ich bin bei der Bundeswehr zum Scharfschützen ausgebildet worden und damit ein potentieller Amokläufer.

Aber auch im legalen Abwehrkampf kommt Entschlossenheit mitunter sehr deutlich zum Ausdruck.

Hiermit lege ich gegen den obigen Bußgeldbescheid Widerstand ein.

Unterm Strich sind es vor allem die Ordnungsmaßnahmen im ruhenden Verkehr, die der Bürger noch nicht so richtig zu schätzen weiß.

Für statistische Zwecke über den Abzockstaat BRD werden Sie die Freundlichkeit besitzen, mir die Summe zu nennen, die Ihre Beamten pro Monat bringen müssen, um nicht den EDEKA-Stempel in den Papieren zu haben. Falls Sie nicht wissen, was der EDEKA-Stempel ist, bin ich gern zur Auskunft bereit.

Was also bedeutet der EDEKA-Stempel? – Ende der Karriere.

10. Rabiates und Haarsträubendes

Ein Angeklagter, der mit seiner Kommunalverwaltung in einem Dauerclinch lag und sich dazu verstiegen hatte, deren Chef als «Strukturnazi» zu bezeichnen, zeigte vor Gericht Ansätze von Einsicht:

Künftig werde ich auf höflichere Weise beleidigen.

Auch außerhalb der Wirtschaft gilt das Prinzip von Angebot und Nachfrage.

Nach Verlassen des Lokals wurden wir plötzlich von hinten durch 5 Mann überfallen. Durch mehrere Schläge stürzte ich zu Boden, wo ich noch einen Tritt gegen den Kopf bekam, der mir einen Moment die Besinnung raubte. Als ich wieder aufstand, war nur noch einer der Männer bei mir. Er fragte mich, ob ich noch mehr haben wolle, was ich aber nicht verlangte.

Parallelen auch in diesem Polizeiprotokoll:

Vier bis fünf unbekannte Täter schlugen und traten unverhofft auf den Geschädigten ein.

Ein Masochist? Wohl kaum. Verursacht wurden vielmehr

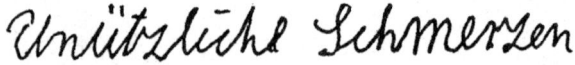

Unütze Schmerzen

wie ein anderer beklagte.

Bereits jugendliche Körperverletzer bringen es in der Praxis auf eine beachtliche Prinzipientreue.

Frage: Hast du mit einem Bierkasten dem Türsteher vor das Schienbein geschlagen?
Antwort: Nein.
Frage: Hast du dem Türsteher auf den Oberarm geschlagen?
Antwort: Nein. Wenn ich jemand hauen möchte, haue ich ihm ins Gesicht.

Da erstaunt nicht, wenn andere Gewaltformen kritisch beäugt und streng bewertet werden. Ein Schüler:

Laura drehte sich um und trat der Britta in den Hintern. Der Tritt war in Ordnung, also fest.

Zum Glück beginnen Konzepte zur Gewaltprävention Früchte zu tragen, mag auch zuweilen noch ein gewisses Bedauern mitschwingen.
Schüler als Zeuge zu einer Schulhofprügelei:

Ich selber bin Konfliktlotse an unserer Schule und darf nicht kloppen.

Streng sieht es übrigens auch unsere Rechtsprechung. Selbst von urdeutschen Motiven läßt sie sich nicht beeindrucken.

Der Tritt ins Gesäß der unterstellten Mitarbeiterin gehört auch dann nicht zur «betrieblichen Tätigkeit» einer Vorgesetzten, wenn er mit der Absicht der Leistungsförderung oder Disziplinierung geschieht.
(Landesarbeitsgericht Düsseldorf, BB 1998, 1694)

Manche junge Männer scheinen zu glauben, man müsse nur einen Rest von Anstand wahren, dann sei alles erlaubt.

Mit zwei weiteren Personen zusammen warf ich die junge Frau in den Brunnen.
Dies geschah natürlich in vorsichtiger Weise.

Dennoch kann man ihnen ein Gespür für Fairneß nicht völlig absprechen.

Als Tom und Sascha sich mit Barhockern gegenüberstanden, habe ich mich nicht eingemischt. Das interessierte mich nicht. Solange es zwei sind, soll jeder sehen, wie er seinen Arsch rauskriegt.

Vielleicht waren auch nur die Barhocker ausgegangen.

Die ganz Schlauen wissen sowieso, daß Muskeln nicht alles sind.

Betonen möchte ich noch, daß ich den beiden körperlich mindest ebenbürtig, wenn nicht überlegen bin, interlektuell ohnehin.

Es gilt als Ausdruck einer intakten Familienbeziehung, wenn Eltern mit ihren Kindern in einer Sprache kommunizieren, die diese auch verstehen. Aus einem Polizeibericht:

Beim Hinausgehen kam es im Treppenhaus zu erheblichen Widerstandshandlungen. Der Beschuldigte konnte nur durch den Einsatz mehrerer Beamter und Anlegen von Handfesseln gesichert werden. Der Vater des Beschuldigten redete zu diesem Zeitpunkt beruhigend auf ihn ein. Er versetzte ihm einen Faustschlag ins Gesicht, damit er sich beruhige.

Nun herrschte in der Tat Ruhe, denn der Schlag war nicht von schlechten Eltern.

Nicht immer geht häusliche Gewalt so leicht von der Hand. Häufig spielt erst ein bestimmtes Quantum an Enthemmung eine ungute Rolle. Wieviel das genau ist, verrät die Polizei natürlich nicht.

Der Beschuldigte schlug nach ausreichendem Alkoholkonsum seine Ehefrau.

Opfer hinterlistiger Überfälle fühlen sich oft wie vor den Kopf geschlagen. Aus der polizeilichen Strafanzeige gegen einen Schlachtermeister:

Der Geschädigte kam kurz vor Mitternacht, ahnungslos singend, allein angetorkelt, und wenige Meter vor dem Spritzenhaus

schlug ihn der auf der Lauer stehende Beschuldigte mit der
ochsenfällenden Kraft und Sicherheit des Fachmanns zu Boden.

Je heiterer der Himmel, aus dem es trifft, desto größer das Niederschlagsrisiko.

Männer, die im Straßenverkehr nachlässiges, gar rücksichtsloses Verhalten an den Tag legen, stehen bei Frauen nicht besonders hoch im Kurs, und manches finden Frauen einfach ätzend.

Aus einer Anklage wegen fahrlässiger Körperverletzung:

... indem der Angeschuldigte beim Einbiegen in die Bundesstraße den sich nähernden Pkw des Zeugen Franke übersah, so daß der Zeuge plötzlich und scharf mußte und seine Mitfahrerin dabei verletzt wurde.

Das reale Leben vermag hier durchaus mitzuhalten, rutscht einem Promillefahrer angesichts einer Verkehrskontrolle doch schon mal mehr als nur das Herz in die Hosen. Auch dieser Herr übrigens in weiblicher Begleitung.

Während des Gespräches kam es bei dem Fahrzeugführer zu einer erhöhten Darmaktivität mit der Folge, daß er sich einkotete.

Nun also saß er vollends in der Patsche; es war, wie es jemand mal ausgedrückt hat,

einfach nicht zu überriechen.

Auch im nächsten Fall, der im ländlichen Milieu spielt, kam am Ende nichts Gutes heraus. Streit zwischen Mutter und Sohn.

Schließlich nahm er einen Küchenstuhl und hat mich damit über die Schulter geschlagen. Bei dieser Gelegenheit ging bei mir der Stuhlgang los, und ich lief zum Abort, so daß ich mehrere Male mit dem Kopf an die Wand geschlagen bin.

Umgekehrt hieß es in einem Protokoll:

Auf der Treppe begegnete mir meine Mutter. Da wurde mir übel.

Von allzu Menschlichem zeugte wohl auch dieses Beweisstück, das die Justiz sicher froh war, wieder loszuwerden:

Empfangsbescheinigung

Ich habe heute für Herrn Lange eine schwarz-scheiß karierte Kochhose in Empfang genommen.

Aus dem Rundschreiben eines Landgerichtspräsidenten an die Gemeindeverwaltungen seines Bezirks:

In die Vorschlagslisten sollen nur solche Personen aufgenommen werden, die wirklich als Schöffen und Geschorene geeignet sind.

Schon damit sich so etwas nicht wiederholen kann, gibt's inzwischen nur noch Schöffen.

Ungeschoren, das heißt ohne Fahrverbot, sollte auch dieser Verkehrssünder nicht davonkommen, was angeblich einen Friseur erforderlich machte. Der sollte wohl die Haare wieder krümmen, die gleich einer ganzen Belegschaft sorgenvoll zu Berge standen.

Herr Hurtig ist Gesellschafter und Geschäftsführer der Firma und ausschließlich im Außendienst, zur Akquisition und Vertriebsunterstützung, tätig. In der Firma werden zur Zeit 26 Mitarbeiter beschäftigt. Durch einen Führerschein-Ausfall des Herrn Hurtig ist die wirtschaftliche Lage des Betriebs äußerst gefährdet. Weiterhin ist es, durch die wirtschaftliche Lage des Unternehmens, leider nicht möglich, einen Coiffeur zu engagieren.

Schließlich noch diese haarsträubende Geschichte. Wenn eine Deutsche – nur pro forma und gegen Bezahlung – einen Ausländer allein zu dem Zweck heiratet, ihn vor Ausweisung und Abschiebung zu schützen, ohne daß ein Zusammenleben stattfindet, so nennt man das eine Scheinehe.
In unserem Fall hatte die Frau ihren Deal später bereut, wollte wieder frei sein und der Männerwelt nicht die letzte Ehe erwie-

sen haben. Also offenbarte sie sich den Behörden; auch einen Strafbefehl wegen Verstoßes gegen das Ausländergesetz akzeptierte sie.

Anders ihr Mann, der gegen seinen Strafbefehl Einspruch eingelegt hatte und nun vor Gericht ein in jeder Hinsicht intaktes Eheleben behauptete.

Da packte der Vorsitzende den Stier bei den Hörnern. Mit seiner unverblümten Frage nach der Schamhaarfarbe der Ehefrau brachte er den Angeklagten sichtlich in Schwulitäten.

«Also – ist sie blond, ist sie eher rötlich?» half der Vorsitzende und deutete dabei wohl auch mal auf das eigene Haupthaar. Daraufhin legte sich der Angeklagte fest. Im Protokoll las sich das so:

Wenn ich nach der Farbe der Schambehaarung der Zeugin gefragt werde, so antworte ich: wie die des Vorsitzenden.

Dabei hatte der Vorsitzende die Hosen wirklich nicht runtergelassen, das tat vielmehr der Angeklagte (in Form der Einspruchsrücknahme), als die Noch-Ehefrau ihrerseits Farbe bekannte. Nicht erst seit der Heirat, so verriet die Zeugin dem Gericht, bevorzuge sie an besagter Stelle eine Totalrasur.

Bliebe noch anzumerken, daß sich die Polizei den Start einer Scheinehe gar nicht mal so platonisch vorstellt.

Es besteht der Verdacht, daß die vietnamesische Staatsangehörige auf unbekanntem Weg nach Deutschland eingeschleust worden ist. Anschließend ist am 14. August die sogenannte Scheinehe vor dem Standesamt vollzogen worden.

11. Wer den Schaden hat

Weil der Beschuldigte keinen gesundheitlich völlig unauffälligen Eindruck machte,

so hieß es taktvoll in einer polizeilichen Strafanzeige,

wurde dessen Sohn benachrichtigt. Der erklärte auf Nachfrage, daß sein Vater bereits 4 Schlaganfälle erlitten habe und deshalb gesundheitlich etwas instabil sei.

Aber wirklich nur «etwas».

Auf eine Sicherstellung der offensichtlich als Tatwaffe benutzten Aluminium-Gehhilfe wurde verzichtet, weil der Beschuldigte beide Krücken zum Gehen benötigt.

Über das Opfer eines Arbeitsunfalls:

Der Verunglückte war bei mir als Landarbeiter tätig. Ich kenne ihn von Jugend auf und war sonst ein williger Mensch. Nur muß man in Betracht ziehen, daß er geistig nicht auf der Höhe war. Zudem hatte er ein Glasauge, so daß er nur auf einem Auge sehen konnte.

Aus einem Todesermittlungsbericht:

Die Zeugin gab an, insgesamt habe der Verstorbene unter Gallensteinen, einer Nierenzyste, Wirbelsäulenproblemen und einer Hüftarthrose gelitten, er sei beidseitig schwerhörig gewesen und auf dem rechten Auge blind.
Unter ernsthaften körperlichen Erkrankungen habe er nicht gelitten.

Wenn alle Stricke reißen ... Polizeireport über einen versuchten Suizid:

Infolge zu starken Alkoholgenusses geriet der Gesinnungszustand des Krause in eine depressive Schieflage. Aus dieser Lage wollte K. sich durch Suizid befreien, was aber mißlang.

Im nächsten Fall nahte Hilfe.

Wir erhielten als Funkstreifenwagenbesatzung den Auftrag, Frau Dr. Simon bei einem Suizidversuch zu unterstützen.

Es zählt allein der Erfolg des Augenblicks, wenn durch polizeiliches Zureden ein Sprung in die Tiefe verhindert wird.

Mit Herrn Trüb wurde vereinbart, zunächst am Leben zu bleiben und einen geeigneten Arzt mit seiner Behandlung zu beauftragen.

Nur noch sprachlos zuschauen hingegen konnte dieser Krankenhauspatient, als sein Bettnachbar es wirklich ernst meinte.

Er ging zum Fenster und öffnete es. Plötzlich stieg er auf die Fensterbank, rief ca. 2–3 mal: «Auf Wiedersehen!» und sprang dann sofort nach draußen.

Manchmal ein durchaus vernünftiger Ausweg – behauptete dieser Anwalt:

Nachdem seine Frau die frei erfundenen, ungeheuerlichen Anschuldigungen in der Paartherapie angesprochen hatte, geriet mein Mandant in einen derartig schwerwiegenden Verzweiflungszustand, daß ein Suizid geboten war.

Auch bei ungewöhnlichen Anzeigen bleibt die Polizei ganz cool.

Der Lehrer zeigt an, daß die Schulkinder den Kaugummiautomaten beim Kaufmann außer Fassung gebracht haben.

Ermittlungen in einem Fall von Opferstockdiebstahl, Täter unbekannt:

Der Herr Pfarrer der Kirche wurde gebeten, von der Kanzel die Gläubiger zur Mitfahndung aufzurufen.

Das war aber nicht der einzige Schachzug der Polizei. Wer aufmerksam einen Zeitungsartikel über Weihnachtliches las, der konnte erahnen, welch böse Überraschung auf Wiederholungstäter wartete.

Die Kripo bleibt bis zum 8. Februar in der Taufkapelle der Kirche aufgebaut.

Während das Klauen bestimmter Dinge aus Kirchen vom Gesetz als besonders schwerer Fall gebrandmarkt wird, zählen Gerichte insoweit nicht zu den heiligen Hallen.

Staatsanwalt an Landrichter:

Sehr geehrter Herr Kollege,
Sie hatten angezeigt, daß Ihnen während einer Sitzung der 3. Wirtschaftsstrafkammer aus dem Beratungszimmer Ihre Geldbörse mit Bargeld und Euro-Card nebst Geheimnummer entwendet worden ist. Von Ihrem Konto sind anschließend unbefugt, aber relativ problemlos – Sie hatten ja wenigstens Ihre Geheimnummer richtig notiert – zweimal je 400,– DM abgehoben worden.
Mit Formularbescheid war Ihnen mitgeteilt worden, daß der Täter nicht ermittelt worden ist. Diese Nachricht hat sich als weit verfrüht und noch dazu fehlsam herausgestellt.
Ich habe Sie nunmehr ergänzend und berichtigend wie folgt neu zu bescheiden:
Das ganze Geschehen ist dank der bekannten Tatkraft unserer Behörde restlos aufgeklärt, und dazu noch in relativ kurzer Zeit. Täter waren die beiden oben genannten Beschuldigten. Diese sind inzwischen in anderen Verfahren rechtskräftig zu erheblichen Jugendstrafen verurteilt worden, einer muß sich außerdem einer Entzugstherapie unterziehen. Ich habe daher von der Möglichkeit des § 154 StPO Gebrauch gemacht und das Verfahren eingestellt.
Abschließend darf ich Ihnen, der Sie wohl überwiegend als Zivilrichter tätig waren, noch den Rat eines im Dienst ergrauten

Staatsanwalts zuteil werden lassen. Bewahren Sie Ihre Euro-Card und die Geheimnummer niemals zusammen auf, auch nicht in Räumen des Landgerichts. Man ist schließlich nirgends sicher. Der Tag ist nicht fern, wo einem Kollegen während eines Nickerchens im Dienstzimmer die Butterbrote oder das Toupet entwendet werden.

Mit nachbarschaftlichem Gruß

PS:
Leider ist es nicht mehr gelungen, die Beute sicherzustellen; diese ist für Heroinkäufe verwendet worden. Als kleine immaterielle Wiedergutmachung kann Ihnen jedoch in den Räumen der Staatsanwaltschaft eine Videoaufzeichnung vorgeführt werden. Diese zeigt, zwar nur in schwarz/weiß, aber in feiner Bildqualität, wie die Täter gerade Ihr Konto erleichtern.

Selbst Gutschriften verheißen nicht immer Gutes. Beispiel aus dem Baurecht:

Mit Gutschrift der Innenausbauarbeiten fiel auch die Fensterbank im Erker heraus.

In die Praxis einer Frauenärztin kam eine schwangere Patientin, begleitet von der künftigen Schwiegermama, in deren Beisein auch die eigentliche gynäkologische Untersuchung stattfand. Daß der Patientin dies keineswegs recht war, vielmehr außerordentlich peinlich, ahnte man da noch nicht. Offenkundig wurde es erst in Form einer Strafanzeige, gerichtet gegen die Ärztin, der die junge Frau eine Verletzung der ärztlichen Verschwiegenheit vorwarf, weil Frau Doktor die Oma in spe nicht aus dem Behandlungszimmer geschickt habe. Das sei einfach zuviel gewesen.

Denn irgendwo hat man auch seinen fraulichen Charm

Opfer einer Überrumpelung wollte sie gewesen sein, die Beklagte eines Zivilprozesses, denn ausgerechnet in einer Sauna habe man ihr die fragliche Pkw-Bestellung aufgeschwatzt!

Das Autohaus verstand die Welt nicht mehr. Die Beklagte selbst sei es doch gewesen, die den Verkäufer in die Saunabar des Hotels beordert habe, wo der vorbereitete Vertrag dann unterzeichnet worden sei. Und der Anwalt weiter:

Die gegnerische Darstellung ist nicht nur völlig absurd und unzutreffend, sie entbehrt auch nicht einer gewissen Komik: Man mag sich einmal vorstellen, wie die Mitarbeiter der Klägerin, «bewaffnet» mit einem Handtuch um den Hüften und einigen Blanko-Bestellformularen, durch die Saunaanlagen der Stadt streifen, um arglosen Saunabesuchern hinterlistigerweise Pkw-Bestellungen «unterzujubeln».

Leider etwas vorschnell mokiert, enthüllte doch ein Anwaltskollege, daß zumindest dann, wenn man es nicht unmittelbar mit dem Vertragspartner zu tun hat, außergerichtliche Verhandlungen auch schon mal nackt geführt werden.

Dem Zeugen Meyer gegenüber hatte der Kläger nichts angehabt, da dieser kein Vertragspartner war, sondern ausschließlich die Beklagte.

Auch der Polizei gegenüber hat man am besten nichts angehabt, oder zumindest fast nichts. Als Jugendliche in einer Badeanstalt randaliert und Gäste beleidigt hatten, rückte die Polizei zwar mehrköpfig an, wußte aber auf spätere Nachfrage, ob denn auch die Personalien der Jugendlichen festgehalten worden seien, nur diese Antwort:

Nein, keine Personalien erhoben, weil bis auf Badehose unbekleidet.

So hatte, trotz passender Montur, am Ende niemand etwas auszubaden.

Nun ein gelungenes Beispiel dafür, daß man sich nicht alles gefallen lassen sollte, präsentiert auch auf die Gefahr hin, daß es einmal mehr die Diskussion entfachen wird, ob Vegetarier denn nun tatsächlich gesünder leben.

Aus einem Polizeibericht:

Frau Hartmann erklärte, gegen 18.30 Uhr auf dem Weg von einer Freundin nach Hause gewesen zu sein. Sie ist gehbehindert und auf einen elektrischen Krankenstuhl angewiesen. Im Waldstück auf der Kreisstraße wurde sie von einer männlichen Person angehalten. Diese Person, 23–25 Jahre alt, dunkle, fast schwarze Haare, die aussahen wie die des Schlagersängers Costa Cordalis (im unteren Bereich gelockt), fuhr mit einem Mountainbike auf der gleichen Straße. Nachdem er die Geschädigte angehalten hatte, verlangte er in gebrochenem Deutsch: «Bitt, dein Geld!» Diese Forderung wurde immer energischer wiederholt («Geld her!»), als Frau Hartmann ihm nun entgegenschrie: «Was willst du Schweinehund?! Du kriegst gar nichts, du kannst mich am Arsch lecken!»
Hierauf schubste der Täter die Geschädigte aus ihrem Krankenfahrstuhl. Sie fiel bäuchlings auf die Fahrbahn, wobei sie sich Verletzungen an beiden Knien zuzog. Sie klagte ferner über Schmerzen im Brust- und Schulterbereich sowie über starke Kopfschmerzen.
Als die Geschädigte sich auf der Fahrbahn befand, beugte sich der Täter über sie. Frau Hartmann, die zuvor Wurstdosen eingekauft hatte, nahm nun den Einkaufsbeutel mit den Dosen und schleuderte diesen samt Inhalt gegen die Beine des Täters, der danach, unterhalb des rechten Knies getroffen, vor Schmerzen schreiend zu seinem Mountainbike humpelte und davonfuhr, wobei er gar nicht richtig trampeln konnte, sondern mit dem linken Bein versuchte, sich fortzubewegen.

In der Gewißheit, nicht nur am Unterschenkel starken Eindruck hinterlassen zu haben, rief Frau Hartmann dem Flüchtenden nach:

«Du wirst mich nie vergessen!»
Anschließend mühte sie sich in ihr Fortbewegungsmittel und fuhr nach Hause, von wo sie später die Polizei benachrichtigte.

Kampf um eine Tür. Der eine will rein, zwei andere halten dagegen.

Wie sich später herausstellte, wurde beim Schließen der Tür die Fingerkuppe eines Fingers eingeklemmt, welche im Türrahmen verblieb.

Als nützliche Helfer sind elektrische Geräte aus unserem Alltag nicht mehr wegzudenken. Freude bereiten sie aber nur bei technisch korrekter Handhabung, sonst können Erleichterung und Verdruß erstaunlich dicht beieinanderliegen. Eine Erkenntnis, die hier ein Mann auf buchstäblich eindringliche Weise gewann.

Aus dem Urteil einer Strafkammer:

Zu einem einschneidenden Ereignis kam es dann jedoch im Sommer, als der Angeklagte sich durch einen Kobold-Staubsauger eine erhebliche, heftig blutende Penis-Verletzung zuzog, die in der Klinik notfallmäßig stationär versorgt werden mußte.
Nach Darstellung des Angeklagten sei er gerade dabei gewesen, mit dem Staubsauger sein Auto zu reinigen, als er plötzlich Harndrang verspürt habe. Da er seine Arbeit an dem Auto schnell habe fortsetzen wollen, habe er den laufenden Staubsauger unter den einen Arm geklemmt, während er mit der freien Hand die Hose geöffnet habe, um austreten zu können. Nach verrichtetem Geschäft sei er beim Schließen der Hose dann mit der Haut seines Penis im Reißverschluß hängen geblieben. Um seinen Penis zu befreien, habe er jetzt auch die andere Hand zu Hilfe genommen. Dabei sei sein Penis von dem laufenden Staubsauger eingesaugt worden und in den Propeller des Gerätes geraten. Das sei möglich gewesen, weil er das lange Staubsaugerrohr abmontiert gehabt habe, um mit dem kurzen Stutzen den Splitt im Auto besser aufsaugen zu können.

In der Tat ein einschneidendes Ereignis. Aber bei allem Mitgefühl, so ganz von gestern sind unsere Gerichte denn doch nicht.

Ungeachtet der Angaben des Angeklagten zu dem verletzungsursächlichen Geschehen ist das von ihm geschilderte Verletzungsbild hoch spezifisch für Selbstbefriedigungspraktiken mit Hilfe eines laufenden Staubsaugers.

Anzeige eines Mannes, die lapidar davon erzählt, wie ihm auch Oberflächliches etwas gab – und nahm:

Als ich gestern nach Hause kam, stand eine Frau auf dem Flur im 1. Stock. Ich kam mit ihr ins Gespräch, sie kam mit auf mein Zimmer. Sie ging heute morgen. Dann suchte ich mein Handy, fand es aber nicht. Ich muß annehmen, daß diese Frau es gestohlen hat.

Doch trotz intensiver Nachforschung, die Frau blieb das, was sie von Anfang an gewesen war: eine flüchtige Bekanntschaft.

Wie geschickt es Handydiebe anstellen, schildert uns hier eine Schülerin:

Er hat das Handy aus meiner Tasche genommen. Das Handy hat er aber sehr unbemerkt rausgezogen, so daß ich es fast nicht gemerkt habe.

Der leidgeprüfte Anwohner einer an sich verkehrsberuhigten Straße (zulässige Höchstgeschwindigkeit 30 km/h) – übrigens ein Rechtsanwalt mit Tätigkeitsschwerpunkt Verkehrsrecht – erstattete Anzeige bei der Polizei gegen die Fahrer zweier Lastzüge, die nächtens mit

mindestens 80–90 km/h, geschätzt 120 km/h

durchgedonnert seien.

Als Zeuge stehe ich jederzeit zur Verfügung, denn die Wahrnehmungen habe ich selbst gemacht, so daß meine Frau und ich ab 4.00 Uhr keinen Schlaf mehr finden konnten, eine Tatsache, die allgemein bekannt ist und die auch sicherlich zu Weiterungen führen wird, wie mir der Leiter Ihres Kommissariats bereits zugesichert hat.

Was Ärger mit Lastzügen anbelangt, so hatte schon ein Anwaltskollege erkannt:

Schließlich ist es nach der praktischen Lebenserfahrung nicht möglich, einen Lkw in Luft aufzulösen, auch wenn man sich dies in der Theorie manchmal wünschen würde.

Aus dem detaillierten Bericht eines Radfahrers, den ein Kleinbus bei einer Vorfahrtsverletzung zu Fall gebracht hatte:

Endlich merkte ich, daß die Action-Szene zu Ende war und alles stand. Dann nahm ich beide Hände vor das Gesicht, drehte das Gesicht dem Boden zu und verschnaufte erst mal für ein paar Sekunden. Als ich die Augen wieder aufschlug, der nächste Schreck: Da standen 3 Reihen von Autos an der Ampel, die alle darauf warteten, gleich loszufahren und mich von der Seite kommend zu überfahren. Ich lag mitten auf der Straße. Ich nahm den linken Arm und machte eine Abwehrbewegung in Richtung dieser Autos und entschied mich dann, daß das ziemlich unsinnig war, weil die Autos wohl mitgekriegt haben mußten, daß hier ein Unfall passiert war. Außerdem verspürte ich irgendwo Schmerzen. Danach winkelte ich das rechte Bein an, drehte mich langsam auf den Rücken, legte mich hin und hatte augenblicklich erst mal den dringenden Wunsch, auf der Stelle einzuschlafen. Ein Bett hätte man mir gar nicht anzubieten brauchen. Allerdings war mir auch klar, daß Einschlafen auf der Straße mindestens eine Ordnungswidrigkeit darstellte. Also dachte ich, erst mal wachbleiben und abwarten.
Nervig wurde es erst, als einige Leute meinten, ich solle von der Straße runter, weil ich den Verkehr blockiere. Empört meinte ich, jetzt reicht's aber, ich bin hier zusammengefahren worden, da hab ich wohl das Recht, so lange auf der Straße liegen zu bleiben, wie ich das will.

An dieser Stelle setzte sich vehement der Unfallfahrer für mich ein und bestand mit Nachdruck und lauter Stimme darauf, daß ich hier liegen bleiben soll. 2–3 Männer kamen und wollten mich gegen meinen Willen von der Straße tragen, dachten wohl, wir sind hier bei einer personell leicht unterbesetzten Sitzblockade der Autonomen. Aber mich trägt man nicht so leicht weg. Wenn mich hier einer wegträgt, dann die Polizei, meinte ich und schrie die Leute an, sie sollen das bleiben lassen, weil ich am Rücken verletzt sein könne. Da hörten sie damit auf.

Sehr erfreulich dagegen, wie diese Kollision mit einem Fußgänger ausging.

Hierauf verlor die Radfahrerin das Übergewicht und kam zu Fall.

12. Betrug

§ 263. **Betrug.** (1) Wer in der Absicht, sich oder einem Dritten einen rechtswidrigen Vermögensvorteil zu verschaffen, das Vermögen eines anderen dadurch beschädigt, daß er durch Vorspiegelung falscher oder durch Entstellung oder Unterdrückung wahrer Tatsachen einen Irrtum erregt oder unterhält, wird mit Freiheitsstrafe bis zu fünf Jahren oder mit Geldstrafe bestraft.

Ein wesentliches Tatbestandsmerkmal des Betruges ist also die Täuschungshandlung. Aber:

Der Täter muß nicht expressiv verbissen eine unwahre Tatsache behaupten, es genügt, wenn er sie durch schlüssiges Verhalten vorspiegelt.

Mit anderen Worten: Wer blind dem Spracherkennungsprogramm seines Computers vertraut, der betrügt sich selbst, vor allem dann, wenn er eine juristische Examenshausarbeit schreibt, in der Betrug eine zentrale Rolle spielt. Die Fundstellenrecherche ergab denn auch, daß es «expressis verbis» (mit ausdrücklichen Worten) heißen mußte.

Wie gesagt, es geht um Täuschung, weniger um Gefühle.

Nach hiesiger Auffassung ist dem Beschuldigten aufgrund mehrerer Indizien nachzuweisen, daß er nicht nur den Anzeigerstatter, sondern auch die Autofirma enttäuscht hat.

Enttäuscht, und zwar vom Verhalten einer angeklagten Betrügerin, zeigte sich dieses Gericht:

Um sich so in der Hauptverhandlung zu gerieren, wie die Angeklagte es getan hat, dazu gehört schon eine gute Portion (kaufmännischer) Unverschämtheit und, man muß sogar sagen,

Verkommenheit. Gar keine Einsicht, gar kein Bedauern, daß schließlich doch mehrere Firmen auf wirklich nicht unerheblichen Forderungen gegen sie sitzengeblieben sind, keinerlei Gedanken an eine Wiedergutmachung, nur schwammige Ausführungen, daß man zivilrechtlich hafte, jedoch sich strafrechtlich keinen Vorwurf machen lassen müsse. Nun, was nützt die zivilrechtliche Haftung, wo doch seit Jahren kein Pfennig geflossen ist, die Gläubiger gar nicht einmal wußten, wo die Schuldnerin zu erreichen ist, gar nicht zu reden davon, daß die Schuldnerin sich etwa bei ihren Gläubigern gemeldet hätte.

Nach Meinung des Gerichts war das ein

jahrelanges Sichtotstellen gegenüber den Gläubigern.

Für den negativen Eindruck machte das Gericht sogar einen Gehilfen aus: den Verteidiger.

Was diese «Verteidigungslinie», von der in der Hauptverhandlung so oft die Rede war und die völlig überflüssigerweise zu drei Verhandlungstagen geführt hat, betrifft, so bestand sie darin, daß alles abgestritten wurde, daß Behauptungen ins Blaue aufgestellt wurden, daß, wenn die Behauptungen zusammenfielen, etwas anderes gesagt wurde. Dafür ein unangenehmes Beispiel: Der Zeuge Wald hatte durchaus glaubhaft gesagt, die Angeklagte habe eine Abbuchungsermächtigung erteilt, auf dem Konto der Angeklagten bei der Sparkasse sei aber dann nichts gewesen. Die Verteidigung behauptete, Wald habe zu früh versucht abzubuchen, hätte er das zum richtigen Zeitpunkt getan, hätte er sein Geld bekommen. Also: Kontoprüfung, Herbeiziehen des Kontostandes, Feststellung, daß auf dem Konto zu keiner Zeit ein Guthaben war, Fallenlassen der Behauptung, daß das Konto ausreichend «bestückt» gewesen sei, neue Behauptung, der allerdings dann nicht mehr nachgegangen worden ist, die Sparkasse habe an der «Unbestücktheit» des Kontos schuld.

Ergebnis:

Die Angeklagte hat sich die Freiheitsstrafe wahrlich gut verdient.

Und der Verteidiger seine Gebühren.

Zum x-tenmal wegen Betruges angeklagt, da bestand keine Hoffnung auf erneute Bewährung. Allein das schon ein Grund, der Hauptverhandlung fernzubleiben. Statt dessen faxte der Angeklagte eine Krankmeldung mit Attest. Darin bescheinigte ein Arzt dem notorischen Betrüger vorab das, was bald darauf auch das Gericht feststellen sollte:

Herr Windig hat eine Neigung zu Schwindelanfällen.

Die Verurteilung erfolgte dann natürlich wegen Betruges; alternativ hätte aber auch dieser verunglückte Tenor aus einem Verfahren wegen Bodenverunreinigung gepaßt. Anstatt sich abfällig zu äußern, hatte das Gericht dort für Recht erkannt:

Der Angeklagte ist des unerlaubten Umgangs mit gefährlichen Anfällen schuldig.

Wie sehr muß einem Mann die Erkenntnis schmeicheln, in den Augen seiner Gattin als äußerst attraktiver Ehepartner dazustehen.

Ich möchte nicht wissen, was alles noch im Verborgenen liegt. Diese Frau ist absolut skrupellos und ohne Gewissen. Mir ist mittlerweile klar geworden, warum sie mich zur Heirat gedrängt hat: nur um unter neuem Nachnamen ihre Betrügereien fortzusetzen.
So ein Mensch sollte entmündigt und von Amts wegen unter Aufsicht gestellt werden.

Von Ehe war im nächsten Fall keine Rede, zumal man jeweils schon verheiratet war. Es ging einfach nur um Spaß und Abwechslung. Für ihn, der mehrere Monate auf Montage weilte und sich während dieser Zeit privat einquartiert hatte, bot sich da die Zimmerwirtin geradezu an.

Jedenfalls habe ich gemerkt, daß die Frau die eheliche Treue sehr locker genommen hat.

Also ging er aufs Ganze, aber auch auf Nummer sicher.

Vor Aufnahme der geschlechtlichen Beziehungen habe ich mit der Rita ganz klar darüber gesprochen, daß es nicht passieren darf, daß der Geschlechtsverkehr Folgen hat, also daß ein Kind gezeugt würde. Die Rita hat mir damals gesagt, sie könne nicht mehr schwanger werden. Das hat sie auch mehrmals gesagt und das auch so mehr oder weniger öffentlich verbreitet. Selbst ihr Mann hat das in einem Gespräch, das mal so am Tisch stattfand, bestätigt.

Dann ist die Montage beendet, man verliert sich aus den Augen, hat keinen Kontakt mehr, bis verflixte sieben Jahre später das Telefon klingelt.

Ich erhielt einen Anruf von der Frau. Ich wußte zunächst gar nicht mehr, wer das war. Ich hatte an diese Person gar nicht mehr gedacht.

Er erfährt, er sei Vater eines Jungen, solle sich beim Jugendamt melden, Unterhalt zahlen. Als er sich weigert, wird er verklagt, medizinisch untersucht und seine Vaterschaft tatsächlich festgestellt. Unterhalt will er aber trotzdem nicht zahlen, sondern sitzt jetzt bei der Polizei und erstattet eine Betrugsanzeige.

Ich fühle mich durch das Verhalten der Frau getäuscht. Sie hat mir damals vorgelogen, sie könne nicht mehr schwanger werden. Sie wollte nur ihre wirtschaftliche Situation verbessern, und zwar dadurch, daß sie später von mir Geld für Unterhalt verlangen kann.

Der Staatsanwalt sieht das anders, er stellt das Verfahren ein, versteht es aber, trockenen Gesetzestext mit belebenden Elementen des Falles zu verknüpfen.

Der damalige von Ihnen behauptete Geschlechtsverkehr mag zwar auf einer täuschungsbedingten Erregung unter anderem eines Irrtums Ihrerseits über die Empfängnisfähigkeit der Beschuldigten beruhen, stellt indessen als Realakt keine Vermögens-

verfügung dar, was Voraussetzung für eine Straftat gemäß § 263 StGB wäre.

Jedem mutigen Anleger, aber auch dem technisch versierten Leser dürfte das nun folgende Urteil interessante Perspektiven aufzeigen.

Der Angeklagte und sein Mittäter, zwei Herren aus Kamerun, hatten einem Geschäftsmann bei mehreren Treffen das Zustandekommen eines Wareneinkaufs über mehrere 100 000 DM in Aussicht gestellt. Nach diesen vertrauensbildenden Maßnahmen suchte man gemeinsam ein Hotelzimmer auf.

Dort gaben die Täter vor, mit Hilfe einer Flüssigkeit Geldscheine vervielfältigen zu können. Aus zwei 100-DM-Scheinen könnten nach der sogenannten Wash-Wash-Methode acht 100-DM-Scheine gemacht werden. Der Mittäter ließ sich dann vom Zeugen und dem Angeklagten je einen 100-DM-Schein geben, die er mit einer Flüssigkeit dunkel einfärbte. Nachdem er noch ein Pulver auf die Scheine gestreut hatte, packte er sie mit sechs weiteren schwarzen Blättern in Geldscheingröße in Alufolie, legte das Päckchen auf den Boden und stellte den Tischfuß darauf. Nach ca. 15 Minuten wurden die Scheine mit heißem Wasser gewaschen und getrocknet. Der Mittäter hatte nun acht 100-DM-Scheine in der Hand. Die Täter ließen den Zeugen glauben, sie hätten aus den 2 Scheinen auf diese Weise 8 Scheine gemacht. Um dem Zeugen zu beweisen, daß das Verfahren tatsächlich zur Vervielfältigung von Geldscheinen tauge, fuhr man gemeinsam zu einer Bankfiliale, wo der Zeuge zwei der angeblich vervielfältigten 100-DM-Scheine in vier 50-DM-Scheine umtauschte. Hierdurch sollte das Vertrauen des Zeugen in die Fähigkeit zur Geldvermehrung unter Beweis gestellt werden.

Nun schlug man dem Zeugen vor, für lächerliche 70 000 DM die Geldvermehrungsflüssigkeit zu erwerben oder aber, als er auf Ebbe in der Kasse verwies, wenigstens 200 000 DM aufzutreiben, die man dann vervielfältigen und aufteilen werde.

Für den Zeugen spricht immerhin, daß ihm in der Folgezeit trotz ermunternder Anrufe die Idee schwante, bei der schwarzen Magie könne es sich womöglich auch um faulen Zauber handeln, und er daraufhin die Polizei einschaltete.

13. Zuständigkeiten

«Niemand darf seinem gesetzlichen Richter entzogen werden.» So steht es ausdrücklich in unserem Grundgesetz (Artikel 101), und zu Recht erfreut sich die gerichtliche Zuständigkeit einer ganz besonderen Aufmerksamkeit.

Schreiben an das Justizministerium:

Ich bezweifle, daß Richter Krause als Verkehrsrichter zuständig war. Ein Verkehrsrichter sollte mit dem neuen Kraftfahrzeug-versicherungspflichtgesetz vertraut sein, was hier nicht der Fall war. Beispiel: Ein Augenarzt darf kein Bein apportieren.

Aber nicht jeder Richter ist gleich ein gesetzlicher. Aus einem Personalbogen:

Die Beachtung von Zuständigkeiten ist auf allen Ebenen der Justiz eine Selbstverständlichkeit. Wo ausnahmsweise nötig, unterstützt man sich gegenseitig.

Ein Beispiel:

Wiedervorlage mit Kopie der Zahnarztrechnung.

Mit dieser Verfügung war besagte Rechnung (Einzelheiten interessieren hier nicht) in den Geschäftsgang gegeben worden.

Kopie liegt an!

hieß es bei Rückkehr in scheinbar schlichter Pflichterfüllung.

Aber nur 1mal!

so der enttäuschte Kommentar. Dazu muß man wissen, daß es sich bei der Rechnung ohnehin schon um eine Kopie gehandelt hatte. Deshalb nun mit dem gehörigen Nachdruck:

Ich brauche eine Kopie der Kopie!!!!

Und da endlich kommt er, der kollegiale Hinweis, erreicht den so inständig Bittenden die angemessene Hilfestellung:

Der Kopierer steht im Erdgeschoß oder 2. Etage.

Je dringlicher eine Situation, desto mehr wird auch einem Stellvertreter abverlangt.

Daraufhin bin ich sofort zum schnellvertretenden Dienstleiter gelaufen und habe gebeten, einen Arzt zu holen.

Als ein Staatsanwalt bei Gericht den Widerruf einer Bewährung beantragt hatte, dann aber monatelang ohne Antwort blieb, startete er eine Sachstandsanfrage, in dem Glauben, dem Richter damit etwas Dampf zu machen. Eine Idee, die völlig verpuffte, teilte doch die Geschäftsstelle des Richters, ohne diesen auch nur im geringsten belästigt zu haben, kurzerhand das mit, was man ohnehin die ganze Zeit geahnt hatte:

Akte liegt dem Richter vor.

Da lag sie gut, und deshalb fragt sich, ob nicht Druckvolleres zum Einsatz kommen sollte. Praktische Beispiele gibt es:

Erwirkung der vorläufigen Entziehung der Fahrerlaubnis durch Beschuß des Amtsgerichts Südstedt.

Bei einem grenznahen Bezirk wie dem der Staatsanwaltschaft Göttingen fielen schon bald nach dem Beitritt auch Ermittlungshandlungen in den neuen Bundesländern an. Dort aber befand sich zunächst noch vieles im Umbruch.

So ließ die Post im Jahr 1992 ein Vernehmungsersuchen an eine Polizeidienststelle mit diesem verstörenden Hinweis retour gehen:

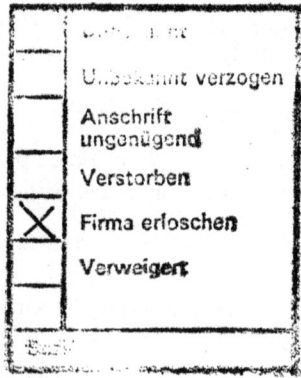

Aber es gibt natürlich auch richtige Pfundskerle bei der Post.

Nachdem die Sendung nicht gefunden wurde, ist der Brief-Fahndung tätig geworden bis schließlich Herr Fleißig von Deutsche Post Pfundig geworden ist.

Als eine Staatsanwaltschaft ihre Ermittlungsakten, die eine Versicherung zur Prüfung von Regreßansprüchen benötigt hatte, wie ein gerupftes Huhn zurückerhielt, verriet man auf intensive Nachfrage schließlich:

Im Dokumentenservice werden Ermittlungsakten eingescannt und dann wie normale Dokumente verwahrt. Die Aktendeckel der Staatsanwaltschaft werden einfach vor dem Einscannen vernichtet.

Einfach so. Aber wer wäre wohl bei einem derart freimütigen Geständnis nicht gnädig gestimmt.

Wie ist das eigentlich mit dem Gnadenrecht? Ein Presseartikel behauptete:

Das Gnadenbrot wird von den einzelnen Bundesländern aus-
geübt. Begnadigungen können, wie einst die Fürsten und Kö-
nige, nur die Ministerpräsidenten aussprechen.

Viele Entscheidungen sind allerdings den Staatsanwaltschaften
übertragen, und so erinnert ein amtliches Formular bei Einleitung der Strafvollstreckung stets auch an die Gnadenordnung
(GnO).

Vfg. I

1. Die Entscheidung ist rechtskräftig ☒ in vollem Umfang

☐ bezüglich der/des Angeklagten

2. Prüfung gemäß § 4 HessGnO und eventuell auch
Amnestieprüfung:

Von Amts wegen wird ein Gnadenverfahren aber nur äußerst
selten eingeleitet. So schnell vergißt man einem Verurteilten
seine Taten nämlich nicht. Auch daran erinnert das Formular.

☒ Kein Gnadenverfahren von Amts wegen - keine
Amnesie.

☐ Gnadenverfahren von Amts wegen;
siehe besondere Verfügung.

Mögen Ministerpräsidenten nur selten Gnadenbrot verteilen,
hier geschieht es regelmäßig.

Gnadenhof
für alte und dienstuntaugliche Polizeipferde
der Bundesrepublik Deutschland
Neue Heimat für alte Pferde

gegr. 1968

Im Dorfe 4 · 3139 Timmeitz (Post Zernien) · Telefon (0 58 63) 2 58

14. Die Polizei und ihr Gegenüber

Aus einem Polizeibericht:

Zwischenzeitlich wird bekannt, daß das polizeiliche Gegenüber bereits einschlägig in Erscheinung getreten ist und als gefährlich eingestuft werden kann.

«Das polizeiliche Gegenüber» – dieser immer noch nicht völlig ausgestorbene, eigentümlich auf Distanz bedachte Begriff, der aber über die im Einzelfall gesuchte Nähe nichts besagt. Das Entzücken beim Gegenüber hält sich meist in Grenzen.

Ich klingelte an der Wohnungstür des Beschuldigten. Als er öffnete und mich sah, begrüßte er mich mit den Worten: «Was habe ich denn nun schon wieder verbrochen?»

Wer viel mit Polizei und Justiz zu tun hat, davon aber nichts wissen will, der gibt sich auch am Telefon zugeknöpft.

Da der Beschuldigte sich nicht wie versprochen wegen der Vereinbarung eines neuen Termins gemeldet hatte, versuchte ich ihn auf seinem Handy zu erreichen. Es schaltete sich schließlich die Mailbox ein mit dem Anschlußinhabernamen: «Nervt mich nicht!»

Nicht immer trägt das Gegenüber übrigens menschliche Züge.

Zwei Kampfhunde des amtsbekannten Fricke trugen ihre Meinungsverschiedenheiten dental aus. Der Hundehalter beruhigte die Tiere. Er erhielt von uns, nebst Hunden, einen Platzverweis für die Fußgängerzone.

Soeben noch dental ins Bein eines harmlosen Bürgers vertieft und jetzt, angesichts anrückender Polizisten, mental mühelos in der Lage, die brave Unschuld zu mimen, ein solcher Pitbull-Mischling ist sicherlich der ganze Stolz seines Herrchens.

Der Hund reagierte ausgesprochen freundlich und kam absolut friedfertig auf die eingesetzten Beamten zu, d. h. mit der Rute wedelnd und an den Füßen und Beinen schnuppernd. Darüber hinaus leckte der Hund die Hand des Polizeikommissars Krause ab.

Nicht gerade schwanzwedelnd und derart vor Unterwürfigkeit triefend, aber doch wenigstens etwas zivilisierter wünschte man sich das Auftreten mancher Beschuldigten.

Aus dem polizeilichen Verhaltensvermerk über einen 15jährigen:

Der Beschuldigte zeigte sich hier selbst in Begleitung seiner Mutter bockig, unzugänglich, rotzfrech und teilweise aggressiv. Bei der Vernehmung knabberte er die ganze Zeit an seinen Fingernägeln, knackte mit den Fingerknöcheln oder tippte lautstark und in schneller Folge auf dem Tisch.
Beim Verlassen des Dienstgebäudes begann er sogar herumzuschreien und stieß mit Gewalt die automatischen Türen auf. Offensichtlich wußte er nicht, wohin mit seiner Wut.

Und die Erziehungsberechtigte?

Die Mutter hat offensichtlich nur noch sehr begrenzte Möglichkeiten, auf den Sohn einzuwirken. Beim Verlassen der Dienststelle ging er, ohne auf sie zu achten, davon.

Als Mutter muß man da wohl durch. Oder etwa nicht? Ein Schöffengericht schien Alternativen aufzuzeigen:

Am Samstag kaufte die Angeklagte nach ihren Angaben bei Karstadt einen Pullover für ihren achtjährigen Sohn, den sie am darauffolgenden Montag umtauschen wollte.

Abweichendes Verhalten im Jugendalter ist oft nur ein Ausreizen von Grenzen, ohne daß das gleich in eine kriminelle Karriere münden muß. Die Jugendgerichtshilfe:

Wir nehmen an, daß es sich bei dem Jugendlichen um eine ein-malige Verfehlung handelt.

Aber schwere Zeiten können für eine Familie allemal anbrechen.

Der Vater ist Kraftfahrer. Die Mutter ist überfordert.

Wenn Eltern sich trennen, gerät für Kinder vieles durcheinander. Das weiß auch die Polizei.

Die Eltern von Torben sind geschieden. Er leidet offensichtlich unter den zerrütteten Familienverhältnissen.

Und dann ist da immer noch die Erziehung, die man angeblich genießt. Ein geschiedener Vater:

Meine Kinder sagen: Wir vegetieren dahin, werden von Mutter nur schlagend, brüllend und tretend erzogen.

Kein Wunder also, wenn Kinder zuweilen die entspanntere Atmosphäre bei den Großeltern vorziehen.

Der Beschuldigte bedrohte und nötigte seine Mutter unter Vor-halten einer Schreckschußpistole und eines Bajonettes, ihn nach Kassel zur Oma zu fahren.

Weitaus umgänglicher schon dieser aus Nahost stammende 16jährige, den man beim Fahren ohne Fahrerlaubnis erwischt hatte. Er nutzte die Gelegenheit und entschädigte die Polizei für vieles, was ihr sonst so geboten wird.

Der Beschuldigte zeigte sich bei der Verkehrskontrolle aufge-schlossen und war ausgesprochen freundlich. Bei der Über-prüfung versuchte er, den Unterzeichner zu drücken und Wan-genküsse anzubringen. Damit wollte er sich offensichtlich für sein Fehlverhalten entschuldigen.

2003 erhielt die niedersächsische Polizei ein neues Computer-system namens NIVADIS. Für die Polizei ein tückisches, geradezu hinterhältiges Gegenüber, zumindest in der viel beseufzten Anfangsphase.

Abverfügung

1. Tagebuch austragen
2. Tagebuch NIVADIS nicht vorhanden (Vorgang im NIVADIS-NIRVANA verschwunden)

Wenn ein Täter Erstaunliches vorzuweisen hat, wie zum Beispiel dieser Ladendieb, so gehört das einfach in die Akten:

Er besitzt die griechische und deutsche Staatsangehörigkeit und kann zweisprachig sprechen und linkshändig schreiben.

Ob ein Täter sich gestört fühlt und aufgibt oder ob er der Fehlvorstellung erliegt, sein Opfer springe auf ihn an, scheint sprachlich kaum ein Unterschied.

Er griff ihr ans Geschlechtsteil, bis er Motorengeräusche hörte.

Das letzte, was Anzeigeerstatter sich wünschten, wäre ein unsportliches Verhalten der Polizei.

Übrigens ist der Beschuldigte an beiden Hüften operiert und hat meines Erachtens auch ein künstliches Kniegelenk. Diesen Herrn zu fangen, sollte keine große sportliche Leistung sein.

Aber selbst eine schweißtreibende Aktion wäre sicher kein Problem und paßte bestens ins Konzept, wurde uns auf einer polizeilichen Informationsveranstaltung doch glaubhaft versichert:

Wir wollen unsere Arbeit transparent machen, wir wollen sie nach außen transpirieren.

Dafür, daß sich im nächsten Fall das polizeiliche Gegenüber lautstark und hysterisch danebenbenommen hatte, fiel der Bericht der Beamten bemerkenswert dezent aus.

Des weiteren konnten wir erkennen, daß Frau Zunder anscheinend einen Konflikt mit ihren persönlichen Problemen und der rechtlichen Wirklichkeit hat. Nach unserem Eindruck wurde der Konflikt durch ein offensichtliches Bewußtsein für eine gewisse Argumentationsfähigkeit verstärkt.

Ist das polizeiliche Gegenüber weiblich und aufgrund bestimmter Umstände einer körperlichen Untersuchung zu unterziehen, so ist dazu nur ein Arzt oder eine Frau befugt, § 81 d StPO. Als in den siebziger Jahren offenbar Mangel an Beamtinnen herrschte, titelte die Bild-Zeitung:

Polizei sucht Frauen zum Abtasten

Daß eine solche Tätigkeit eine Menge Fingerspitzengefühl erfordert und Fehlgriffe nicht verträgt, mußte eine bestohlene Dame erfahren, als sie sich beherzt zu Ermittlungen beim Verdächtigen entschloß.

Ich sprach ihn sehr direkt auf meine gestohlene Geldbörse an. Er zeigte mir bereitwillig seine Geldbörse und öffnete mir freiwillig seine Umhängetasche und fragte mich in gebrochenem Deutsch, was los sei. Daraufhin ließ er sich sogar von mir bedenkenlos abtasten. Weil er dabei Anzeichen von Übelkeit zeigte, ließ ich ihn gehen.

15. Tatorte und Verstecke

Fußgängertunneln ist vor allem nachts eine beklemmende, neonkalte Atmosphäre eigen, und nicht selten schon mußte diese Szenerie mit ihrer Mischung aus schrillen Graffiti und wild Plakatiertem als Kulisse für Straftaten herhalten.

Aus einem Tatortbericht der Polizei:

Bei diesem Fußgängertunnel handelt es sich um ein architektonisches Kleinod, das tagsüber durch eine geschäftige Wuselei geprägt ist und sich des Nachts durch absolute Stille auszeichnet.

Tatorte mit entsprechendem Flair beflügeln zweifellos die Fabulierfreude der Polizei. Hier ein weiterer Fall, der übrigens trotz der zitierten Platten in den alten Bundesländern spielt.

Gestern, gegen 15 Uhr 40, suchten wir die Adresse auf. Es handelt sich um ein 4-geschossiges Gebäude in Plattenbauweise. Das gesamte Haus ist völlig heruntergekommen. Deckenvertäfelungen sind gebrochen und zum Teil abgestürzt. Wasser- und Heizungsleitungen liegen offen. Die Scheiben der Flurabschlußtüren sind zerbrochen bzw. nicht mehr vorhanden. Es gibt keinen Gebäudeteil, der sich von anderen in positiver Weise abheben würde. Es wird der Eindruck gewonnen, daß dieses Haus soeben die «Balkankrise» oder ein Gefecht auf den «Golanhöhen» gerade so überstanden hat.
Die am Hauseingang angebrachte Klingelleiste zu 160 Wohnungen ist nicht funktionstüchtig. Klingelkabel hängen in Bündeln aus der Metallverkleidung heraus. Die auf dem unteren Flur nach rechts aufgebauten Briefkästen sind nur zur Hälfte beschriftet (mit Namen; die Appartementnummern fehlen). Eine bestimmte Ordnung ist nicht erkennbar.

Das App. 94 liegt im 2. OG in einem Flurbereich, von dem aus 36 Wohnungen zu erreichen sind. Die Wohnungstüren sind nicht beschriftet. An einer Reihe von Wohnungstüren betätigten wir die Klingeln, sinngemäß auch links und rechts von App. 94. Es erfolgte keine Regung, so daß daraus geschlossen werden muß, daß niemand zu Hause war. Das App. 94 war ordnungsgemäß verschlossen, die Klingel funktionierte nicht.

Es ist kaum vorstellbar, daß in diesem «Pferch» soziale Beziehungen aufgebaut werden können, die von einem Wohnungsnachbarn erwarten lassen, daß er Beobachtungen im weiteren Sinne zur Nachbarwohnung macht. In diesem Moloch von Anonymität kann kein Nachbar erreicht werden, der etwas über den Abtransport der in Rede stehenden Küchenzeile aussagen könnte.

In deutlich besseren Wohngegenden gehen Einbrecher ihrem mühsamen Tag- und Nachtwerk nach. Bevorzugtes Tatobjekt: Haus ohne Hüter. Schauplatz von Aktionen mit regelmäßig verlustreichem Ausgang für die Wohnungsinhaber. Wo nicht, hinterläßt man schon mal einen Beschwerdebrief.

Du geitziger Bastard!
Ich habe fast 2 Stunden Arbeit gehabt in dein Scheißhaus zu brechen und habe kein Geld bei meiner Arbeit ferdient. Ich habe schon bessere Klamotten in Sozialwohnungen gesehen. Mit dem was du zu bieten hast, solltest du dich schämen, in der vornehmen Gegend, in der du wohnst.
Ich muß Familie und Lebensstandart unterhalten und Leute wie du sind reine Zeitverschwendung. Sogar die gammelige Lederjacke wahr mindestens schon 20 Jahre alt.
Wenn du überhaupt Geld verdienst, wofür gibst du es eigentlich aus? Deine Bude lag weit unter dem Durchschnitt.

Als dieser Serientäter schließlich gefaßt und abgeurteilt wurde, wies die Strafkammer ihm erneut eine nicht gerade überdurchschnittliche Bude zu, und das gleich für mehrere Jahre.

Aber es gibt durchaus auch Einbrecher, die noch Freude an den kleinen Dingen des Lebens haben.

Mitnehmen konnte ich nichts. Aber ich habe einen schönen selbstgemachten Kartoffelsalat gefunden.

Daß sogar ein schlichter Bahnsteig dazu taugt, die großen Darstellungsregister zu ziehen, wird uns jetzt ein Strafrichter vorführen.

Am 30. November befand sich der Angeklagte auf dem Bahnsteig des kleinen Bahnhofes in Nörten-Hardenberg, ein Ort, der nicht vergleichbar ist mit der Bahnlandschaft im Erkner, wo durch Kiefernwälder in märkischer Erde Bahngleise ihre literaturträchtigen Spuren gelegt haben, wo «Bahnwärter Thiel» den Naturalismus in der deutschen Literatur durch Gerhart Hauptmann eckpfeilerhaft gestützt und Bedeutung verliehen hat.

Auf diesem mit nahezu keinem Ort dieser Welt zu vergleichenden Bahnhof, der Ankunft und Abschied in vielen Bildern gesammelt und in erzählbaren und unzähligen Erinnerungen zusammengetragen hat, wartete der Zeuge Karl-Heinz Hauser mit seinem Sohn Thomas auf den Abendzug, der, aus Göttingen kommend, alltäglich die Verbindung zur Kreisstadt Northeim aufrecht erhält, so auch an diesem Abend.

Zugreisende sind immer in Erwartung und beleben so insbesondere bei der Ankunft eines Zuges die kleine graue Welt des Bahnsteiges. Mit den Gedanken für die kurze oder lange Reise vermischen sich die Bilder, die der Schienenstrang mal glitzernd in der Abendsonne, mal nebelumhüllt an trüben Tagen mit seinen Parallelen in der Unendlichkeit schneidend vermittelt.

Eine Reise beim Antritt ist immer von Abschied begleitet, von Besorgnis über die Unwägbarkeiten, gerade dann, wenn der Vater den Sohn, den Studenten, zum Zug begleitet.

Das Unwägbare war nicht weit entfernt an diesem Abend.

Der Angeklagte, der mit sich und der Welt nicht zufrieden sein konnte, hatte seine Gedanken nicht auf die Ankunft des Zuges und auch nicht auf die Weiterfahrt ausgerichtet. Er trat, unver-

mittelt, so schien es, in die Bahnsteigidylle und forderte in grober, aber sonst nicht näher zu beschreibender Art von dem Zeugen Hauser eine Zigarette, wobei der Angeklagte nicht die menschliche Nähe des Zeugen suchte, aber dem Zeugen sehr nahe kam, so daß dieser mit einem kurzen, aber deutlich hörbaren «Nee» erschrocken zurückwich.

Nun, allein die schnöde Schnorrerei eines simplen Glimmstengels hätte wohl kaum den bisherigen Aufwand gelohnt. Aber es kommt ja auch noch dicker.

Wenn die Vernunft versperrt ist, hat die Einsicht keinen Zutritt. Im Fragen nach dem Sinn der Existenz ergreift der Mensch normalerweise alles Wissbare, um sich zu verstehen, scheitert jedoch in den Grenzerfahrungen, die ihm offenbar machen, daß Existenz sich nicht nur aus dem Sein des Umgreifenden (Transzendenz) sinnvoll erklären läßt, wie Karl Jaspers (1883–1969) vermittelt.

Weit ab von diesen hehren Erkenntnissen umgriff der Angeklagte, der mit seinem lallenden Geschrei immer wilder wurde, eine Pistole, die er bis zu diesem Zeitpunkt in der rechten Gesäßtasche seiner Hose verborgen hatte, zog sie hervor und den Sicherungsbügel nach hinten.

Ein Schuß löst sich zum Glück nicht, und auch eine daraufhin geschwungene Wodkaflasche vermag dank studentischer Judokunst keinen Schaden anzurichten. Dann läuft auch erst mal der Abendzug ein,

nicht von dampfender Kraft, sondern von trockener Elektrizität getrieben,

und kurze Zeit später setzt die Polizei ohnedies den Schlußpunkt in dieser Geschichte.

Da hilft es nichts, da muß dann auch mal ein Strafurteil sein Ende finden. Aber was hätte man nicht noch alles erzählen mögen …

Anders als im Fall des Bahnwärters Thiel, der – die literarischen Zusammenhänge müssen hier leider vorausgesetzt werden – sicherlich nach heutigem Rechtsverständnis unter den Voraussetzungen der verminderten Schuldfähigkeit gehandelt hat, über dessen Bestrafung und deren Umfang Gerhart Hauptmann uns aber nichts mitteilt, müssen die gesetzlichen Sanktionen hier beim Namen genannt werden. …

Im ersten Morgengrauen – noch «nebelumhüllt», wie ich vielleicht ergänzen sollte – gingen zwei maskierte Jugendliche daran, mit Spaten und Schaufel einen fest im Boden verankerten Postbriefkasten auszubuddeln, um ihn samt lockendem Inhalt zu entwenden. Als eine Polizeistreife kam, flüchteten sie. Während einer der Fundamentaltäter rasch gestellt werden konnte, war der andere auf dem besten Weg unterzutauchen.

Ich nahm die Verfolgung auf und sah, wie die Person auf die Rückseite eines Mehrfamilienhauses zulief. Ich konnte beobachten, wie sich die Person an einer dort aufgestellten Tonne mit Deckel zu schaffen machte und sich darin versteckte.
Ich lief zu der Tonne und nahm vorsichtig den Deckel ab. Jetzt erkannte ich, daß die Tonne voll Regenwasser war. Blitzartig schoß eine Person mit Sturmmaske aus dem Wasser. Ich zwang die Person, aus dem Faß zu steigen.
Der Täter hatte sich völlig unter Wasser begeben gehabt und war unter dem Wasserspiegel kaum zu sehen gewesen. Offensichtlich aus Luftmangel war er in die Höhe gesprungen und hatte sich die Sturmmaske vom Kopf gerissen.

Wo aber Täter bereits im Ansatz scheitern, wie im nächsten Fall, gibt's für die Polizei kein Faß mehr aufzumachen.

Nach meiner neu erlangten Erkenntnis, die ich beim Beginn meiner Tat machte, erkannte ich, daß ich nicht ohne weiteres einen Zigarettenautomaten von seinem bestimmten Standort entfernen kann. Darauf hörte ich mit dem Durchsägen der Eisenhalterung auf.

Manchmal diktiert also der Körper menschliches Verhalten. Wegen unzulässigen Parkens seines Lastzuges auf der sogenannten Nebenfahrbahn innerhalb eines Raststättengeländes sollte ein Brummifahrer eine Geldbuße zahlen. Die regulären Parkflächen seien schließlich alle besetzt gewesen, wandte er ein, und sein Anwalt betonte:

Hinzu kommt, daß der Betroffene, als er den Rastplatz anfuhr, dringendst auf eine Toilette mußte und von ihm nicht verlangt werden kann, daß er auf der Autobahn 40 Minuten weiterfährt und zwangsläufig seine Notdurft während des Fahrens auf der Autobahn verrichtet.

Mit dieser Argumentation läßt sich allerdings kein Blumentopf gewinnen. Das weiß man spätestens seit der Geschichte um jenen jungen Mann, der nachts um 2 Uhr in Hannovers Innenstadt mit seiner zuvor auf einer Großveranstaltung sattsam gefüllten Blase nicht mehr ein noch aus wußte und sich schließlich gegen eine U-Bahn-Treppe verging bzw. erleichterte. Unterm Strich 116 DM wollte das Ordnungsamt für diese Ordnungswidrigkeit sehen und ließ den Frevler auch deutlich wissen, was es von seiner notdürftigen Ausrede hielt, öffentliche Toiletten seien bereits verschlossen gewesen:

Es fällt in den Verantwortungsbereich eines jeden, sich so zu verhalten, daß die Allgemeinheit nicht belästigt wird; dazu gehört – quasi als Vorfeldüberlegung – auch, nur in dem Maße zu essen und zu trinken, daß die anfallenden Stoffwechselprodukte allgemeinverträglich ausgeschieden werden können.

Jeder Einbrecher würde am liebsten im Boden versinken, wenn die Polizei überraschend am Tatort erscheint.

Der Anrufer hatte verdächtige Geräusche aus der Nachbarwohnung mitgeteilt. Da die Mieterin verreist sei, vermute er einen Einbruch.
Vor Ort finden wir die Wohnungstür lediglich angelehnt und aufgehebelt vor. Beim Betreten des unbeleuchteten Flures neh-

men wir ein dumpfes Geräusch aus dem hinteren Teil der Wohnung wahr. Im Schlafzimmer sehen wir dann zwei beschuhte Füße, die unter dem Fußende des Bettes hervorragen.

Nach mehrmaligem Ansprechen antwortet uns eine männliche Stimme, welche angibt, sich in der Wohnung der Freundin aufzuhalten.

Da die Person nicht freiwillig unter dem Bett hervorkommt, wird dieses kurzfristig von uns angehoben und nach rechts bewegt. Jetzt bewegt sich die Person auf dem Hinterteil rutschend linksseitig an die Wand. Im Schein unserer Taschenlampen können wir den hier amtsbekannten Maik Bruchstahl erkennen. Er weigert sich auf Ansprache aufzustehen und sich an die Wand zu stellen.

Wer sich derart widerspenstig zeigt, riskiert natürlich kurzen Prozeß.

Zusammen mit der eingetroffenen weiteren Streifenwagenbesatzung gelingt es uns, den Beschuldigten vom Boden aufzuheben und an die Wand zu stellen.

Eine große Strafkammer schickte einen weiblichen Drogenkurier ins Gefängnis, und zwar wegen unerlaubter Einfuhr von Betäubungsmitteln in nicht geringer Menge. Denn daß sie nicht eben wenig transportierte, so der Vorsitzende bei der Urteilsbegründung, habe sie geradezu physisch erfahren.
Wohl wahr, hatte sie doch die Päckchen mit knapp 400 g Heroin und Kokain in BH und Slip versteckt gehabt.

Für ein noch innigeres Versteck fand sich in einer Vernehmung folgende Umschreibung:

Zum Teil war es aber auch so, daß Jenny das Heroin dort transportiert hat, wo es nur Frauen können.

Demgegenüber muten die Möglichkeiten der Männer geradezu bescheiden an.

Bei der körperlichen Durchsuchung des Beschuldigten wurden zwischen den Gesäßbacken 1971,– Dollar in Scheinen, 455,– DM in Münzen und Scheinen sowie 10,– Rubel aufgefunden.

16. Makabres

Unter Ehegatten gilt ein eingeschränkter Haftungsmaßstab, sie schulden einander nur die sogenannte eigenübliche Sorgfalt. Theoretisches Lehrbuchbeispiel: Versengt eine Frau beim Bügeln das Oberhemd ihres Mannes, so ist dessen Ersatzanspruch ausgeschlossen, wenn die Gemahlin auch in eigene Wäschestücke Löcher brennt.

Der renommierte Juraprofessor Franz Wieacker, den ich noch in Vorlesungen erleben konnte, erläuterte dies seinen Studenten so:

Bei Ehegatten muß man eine gewisse Schlampigkeit in Kauf nehmen, dafür hat man ja geheiratet.

Das war fein beobachtet, wie diese Zeugenaussage belegen mag:

Auf Befragen erklärte die Ehefrau, daß ihr Mann vom Einkaufen nach Hause kam und sich wie üblich bis auf die Unterhose entkleidete. Anschließend habe er sich auf das Sofa gesetzt und eine Zigarette geraucht.

Es handelt sich um den Auszug aus einem Todesermittlungsbericht. Kurz darauf hatte der Mann nämlich das Bad aufgesucht und war dort unerwartet verstorben.

Auch wer eine gediegene Körperpflege bevorzugt, ist am genannten Ort nicht sicher.

Aus einem Vermerk der Staatsanwaltschaft:

Die Polizei teilt folgende Leichensache mit: Tod eines 70jährigen in eigener Wohnung, sitzend in leerer Badewanne beim Fußnägelschneiden mit Rosenschere.

Sogar das Eheleben selbst ist nicht immer ungefährlich, und die laxe Haltung von Juristen tut hier womöglich ihr übriges. Zum Glück verraten sich die schwärzesten Schafe bereits in der Ausbildung.

In einem auf Tatsachen basierenden Klausurfall hatte eine Ehefrau versucht, ihren nicht standhaften Mann von einem Auftragskiller umbringen zu lassen. Zur Lebenswürdigkeit impotenter Ehemänner entwickelte ein Referendar so seine eigenen Vorstellungen. Mordmerkmale vermochte er in den Beseitigungsbemühungen der Gattin nicht zu erkennen, schon gar nicht «niedrige Beweggründe»:

Aus der Einlassung der Beschuldigten ist nicht ersichtlich, daß die Beweggründe, ihren Mann zu töten, so niedrig waren.
Sie wollte nur nicht mehr und nicht weniger erreichen als eine durchschnittliche Ehefrau, was selbstverständlich nicht verachtenswert und auf tiefster Stufe stehend zu bewerten ist.

Ordnet die Justiz eine Obduktion an, trägt sie auch die Kosten. So liquidierte ein Bestatter die

Überführung der Frau Schulze von Wohnung zur Gerichtsmedizin,

erwies sich bei aller Pietät aber auch als umsichtiger Geschäftsmann:

Gelieferte Ware bleibt bis zur restlichen Bezahlung mein Eigentum.

Wenn der Bericht über eine Hausdurchsuchung den Fund auf einem Dachboden ausdrücklich als

leblose Frauenleiche

deklariert, dann dient das sicher dem Schutz vor Überraschungen bei der weiteren Fallbearbeitung. Als nämlich vor etlichen Jahren ein Bauer auf dem Feld eine unbekannte Leiche entdeckt hatte, spukte es später im Polizeiprotokoll.

Der Zeuge hat die auf der Erde liegende Leiche angefaßt und angesprochen. Dieselbe hat sich zwar etwas gerührt, gab aber keine Antwort.

Eine spezielle Form des Totschweigens also.

Auch vom Gegenteil berichtete jemand, nämlich von einem

belebten Gespräch

Düster schaute ein Strafbefehlsempfänger in die Zukunft, als er von der Generalstaatsanwaltschaft entlastende Ermittlungen in eigener Sache einforderte.

Über den Ausgang Ihres Tätigwerdens unterrichten Sie die von mir in dieser Sache bevollmächtigten Rechtsanwälte; ich selbst stehe voraussehbar nach meiner Herz-OP keinem Gericht mehr zur Verfügung.

Nur noch dem Jüngsten.

Daß im Gesundheitswesen bei wirklich groben Patzern nicht auch noch die Kasse klingeln soll, entspricht höchstrichterlicher Rechtsprechung.

Die Tätigkeit als Krankenpfleger dient der Rettung und Erhaltung von Leben und Gesundheit der ihm anvertrauten Patienten. Damit ist eine Nebentätigkeit als Bestatter, die das Ableben der Menschen voraussetzt, nicht zu vereinbaren.
(Bundesarbeitsgericht, DB 2002, 1560)

Läßt sich einem Schrecken mit sprachlichen Mitteln die Spitze nehmen? Aus einem Hauptverhandlungsprotokoll:

Meine Frau ist unheilbar krank.
Ich weiß nicht, wie lange sie noch krank ist.

Möglichst angenehme, vor allem aber akkurate Trauerarbeit, das war das Anliegen dieses Testamentsverfassers:

Ich wünsche, daß meine Kameraden vom Orts- und Landesverband an einem Leichenschmaus teilnehmen, der zum anständigen Besäufnis ausarten soll.

Juristisches Gezänk hat mitunter extrem weitreichende Auswirkungen. Ein aufmerksamer Bürger:

Der Konflikt zwischen den Erben auf Grund des beschlagnahmten Testamentes hat Herrn Köpke auch noch nach seinem Tode persönlich betroffen.

Anwälte scheinen zu wissen, wie so etwas geht.

Unsere Mandanten sind die Erben des am 7. 11. 1936 und am 10. 11. 2001 verstorbenen Siegfried Wunderlich.

Nicht von ungefähr also kündigte eine TV-Zeitschrift die ZDF-Sendung «Abenteuer Wissen – Crime Time» mit folgenden Worten an:

Wie funktionieren eigentlich Verbrechen? Die Toten werden immer raffinierter. Die Polizei auch? Wolf von Lojewski sucht in vier Ausgaben des Magazins Antworten auf diese Fragen.

Die Presse ist dem Phänomen zuweilen schon dicht auf den Fersen.
Hannoversche Allgemeine Zeitung:

Zwei Tote auf der Flucht vor der Polizei

Noch deutlicher die Braunschweiger Zeitung:

Zwei Tote in Schöppenstedt
71jähriger soll zunächst sich und später seine 65jährige Ehefrau erschossen haben

Und die Abendschau des Bayerischen Fernsehens ermunterte sogar:

Wer ein Haus oder eine Wohnung zu vererben hat, ist gut beraten, das möglichst bald zu tun.

Die Staatsanwaltschaft sollte es immer auf den Punkt bringen und nie zu großflächig argumentieren; das reizt Beschuldigte nur zum Widerspruch.

Auf die etwas lebensfremden Ausführungen der Staatsanwaltschaft sei erwidert: Es ist abwegig zu behaupten, daß «allein der Umstand, daß der Geschlechtsverkehr im Schankraum stattfand, obgleich für einen einverständlichen Geschlechtsverkehr ausreichend Betten im ersten Stock zur Verfügung standen, darauf hindeutet, daß gerade kein Einverständnis über die Ausführung des Geschlechtsverkehrs bestanden hat», Zitat Ende.
Beinahe amüsiert möchte ich hierzu sagen, daß Geschlechtsverkehr an den unwahrscheinlichsten Orten stattzufinden pflegt, auch wenn «genügend» Betten in der Nähe sind. Was heißt eigentlich «genügend Betten»? Eins hätte gereicht.

Aus einer Strafanzeige, die Teil eines bis in die späten neunziger Jahre geführten Kampfes mit Ämtern und Gerichten war:

Nach dem Unfall 1941 kam ich nach Frankreich. Ich «konnte immer», aber das Geld fehlte. Mein Wehrsold reichte nicht aus für den Puff als Matrose. Das ging bis zum 1. epileptischen Anfall 1947, dann hatte ich Erexionsschwierigkeiten. Das waren die Unfallfolgen, die nie vom Versorgungsamt anerkannt wurden.

Ziemlich ernüchtert erschien eine junge Frau bei der Polizei und erstattete Strafanzeige gegen einen gewissen Siggi. Während einer Sauftour, bei der sie im Laufe des Abends ca. 10 halbe Liter Bier getrunken habe, sei sie schließlich in einer Kneipe auf zwei ihr bekannte Männer getroffen, einen Harry und eben dessen

Kumpel Siggi. Vermutlich habe sie mit denen noch weiter gezecht, könne sich aber wegen des Alkohols an nichts mehr erinnern. Ihr Erinnerungsvermögen setze erst wieder am nächsten Morgen ein.

Nun habe sie in Erfahrung gebracht, daß der Siggi mit ihr in ihrer Wohnung den Analverkehr ausgeübt habe. Harry habe ihr das bestätigt.

Harry als Zeuge:

Die Elvira bekam gar nicht mit, was eigentlich geschah.
Ich ging damals aufgrund einer Verletzung an einer Krücke. Da ich das Verhalten des Siggi nicht in Ordnung fand, trat ich ihm mit dem unverletzten Bein in den Hintern. Der Siggi ließ sich aber nicht stören.

Von einem Pfahl im Fleisch, wenn Sie mir diese Bemerkung gestatten, konnte aber wohl trotzdem keine Rede sein, wußte Harry doch noch zu berichten, Elvira habe in besagter Situation gelallt:

Das Ding kannst du in der Pfeife rauchen.

Aus einem Polizeibericht:

Am Sonntag um 13.15 Uhr teilte ein Betreuer des Seniorenheimes fernmündlich mit, daß sich in den Räumen des Heimes eine betrunkene Person aufhalte, die dort keinen Wohnsitz habe und auch nicht zu Besuch sei.
Durch die entsandte Funkstreifenbesatzung konnte schließlich in einem Zimmer auf dem Bett schlafend eine männliche Person festgestellt werden. Der Zimmerinhaber war kurz draußen gewesen. Als er zurückkam, lag die ihm völlig fremde Person auf dem Bett.
Die Person war desorientiert und stand erheblich unter Alkoholeinfluß. Sie glaubte, zu Hause in ihrem Bett zu sein!

Und dann war da noch jener im Grunde bemitleidenswerte Mann, der sich heimlich in Altenheime schlich, um dort vorgefundenes Schuhwerk auf die Toilette zu entführen. Dies geschah, es sei nicht verschwiegen, aus sexuellen Motiven. Einzelheiten möchte ich Ihnen aber ersparen. Der Herr war eben, wie soll ich sagen, ein Kavalier alter Schuhe.

17. Massenmädchen

Im Urteil einer Jugendkammer hieß es:

Dem Einfluß der Massenmädchen, die nur zu häufig in aufdringlicher, anreißerischer Form sexuelle Dinge in den Vordergrund stellen, sind in sich noch nicht gefestigte junge Leute schutzlos ausgeliefert.

Gemeint waren zwar die Massenmedien, doch soll uns die Wortschöpfung im folgenden thematisch leiten.

Wer im naheliegenden Gewerbe Gewinne einstreicht und dennoch Sozialhilfe kassiert, begeht einen Rotlichtverstoß besonderer Art und erregt die Aufmerksamkeit des Sozialamts. Wer jetzt auch noch Angaben zu den bislang erzielten Einnahmen verweigert, muß sich für die Bemessung des Rückerstattungsanspruchs (und die Betrugsanzeige) eine Schätzung und Hochrechnung gefallen lassen.

In einem solchen Rechenwerk sah eine Betroffene, die sich übrigens auf Heimarbeit verlegt hatte, eine grobe Regelwidrigkeit.

Sie haben vergessen, eine Woche im Monat abzuziehen, denn wenn eine Frau im Monat ihre Tage hat, kann man damit wohl bei der Sauerei schlecht bumsen, oder???

Aber war es nicht das Sozialamt gewesen, das die eigentliche Grätschenfrage gestellt hatte?

Zu Ihrer Frage, ob ich noch der Prostitution nachgehe, wird Ihnen ja bekannt sein, daß ich seit Ende April einer Arbeit nachgehen tue, und komme ca. 16.30 Uhr zu Hause an, abends. Dann bin ich froh, die Beine hoch zu legen und nicht breit zu machen.

Die Rückkehr ins bürgerliche Leben, zumindest sprachlich immer noch ein Spagat.

Den Schlußstrich unter den Strich zu ziehen, das ist sicher dann nicht ganz einfach, wenn da noch eine Rechnung mit der rüden Kundschaft offen ist.

Brief an die Polizei:

In der Angelegenheit räuberische Erpressung gegen Herrn Finster, die Sie bearbeiten, möchte ich in aller Form nochmals erklären, daß ich keine Anzeige erstatte und auch vor Gericht keinerlei Aussagen machen werde. Ich habe in der Aufregung wohl mehr gehört und gesehen, als ich vor einem Gericht beeiden könnte. Herr Finster hat sich in aller Form bei mir entschuldigt, und ich möchte auch nicht den Sippenhaß der Familie Finster auf mich nehmen, der in diesen Kreisen sehr schmerzhaft für mich werden würde.
Ferner habe ich die Absicht, meinen jetzigen Chef, wo ich schon als Angestellte arbeite, im Frühjahr zu heiraten und lasse meine anrüchige Tätigkeit langsam auslaufen. Da könnte ein solcher Prozeß meine zukünftigen Pläne alle zunichte machen.

Ein Mann, angeklagt wegen Förderung der Prostitution, bot für die Hauptverhandlung eine Entlastungszeugin auf. Reichlich naiv gab die zu Protokoll:

Ich kann mir nicht vorstellen, daß der Angeklagte was mit Profession zu tun hat.

Dabei ließ sich die Zuhältereigenschaft des Angeklagten im Grunde schon an seiner protzigen Nobelkarosse ablesen, mit der er vor dem kleinen Amtsgericht aufgekreuzt war. Als kurz darauf der nicht gerade leichtgewichtige Staatsanwalt eintraf und sich seinerseits aus einem Kleinwagen quälte, höhnte der Angeklagte von der Eingangstreppe:

Was'n das für 'ne Scheißkarre?!

Man kannte sich aus diversen Verfahren und pflegte außerhalb des Gerichtssaals einen robusten Umgangston.

Kleine Autos sind die Autos der Intelligenz!

scholl es zurück.

Aha! Und warum fährst du den dann?

Doch spätestens im Plädoyer hatte der Staatsanwalt wieder das Sagen.

Sein oder Nichtsein, das ist hier die Frage!

rief er aus und erörterte, ob es denn bei diesem Angeklagten für Bewährung überhaupt noch einmal reichen könne.

Nein, rein oder nicht rein,

so müsse das heißen, relativierte der Verteidiger und speckte die Schicksalsfrage des Staatsanwalts auf das Naheliegende ab. Schließlich verhandelte man in Sichtweite zum Gefängnis.

Und noch eine Anklage dieser Art. Hier jedoch mußte das angerufene Gericht darauf hinweisen, daß die angeklagte Tatbestandsalternative zwischenzeitlich durch das neue Prostitutionsgesetz gestrichen worden war. Der Staatsanwalt gab sich geschmeidig:

Nachdem Prostitution jetzt ein Lehrberuf geworden ist, nehme ich die Anklage zurück.

Durch geschicktes Animieren wird Freiern bekanntlich viel Extrageld für sündhaft teure Getränke aus der Tasche gezogen, was gerade Familienväter über Gebühr belasten könnte. Hier will die amtliche Abkürzung des Prostitutionsgesetzes Warnung sein:

ProstG.

Da er sich nicht zuletzt auch die Getränke selbst besorgt, vergnügt sich ein Liebhaber «erotischer Telefonunterhaltung» schon deutlich preisgünstiger. Die Zahlungsmoral hebt das nicht unbedingt.

Der Beklagte erteilte der Firma des Klägers einen Beratungsauftrag, um sich telefonisch über seine Probleme auf dem Gebiet der Erotik beraten zu lassen und mit den beratenden Damen anschließend Telefonsex zu betreiben.

So formulierte, unter Hinzumogeln eines therapeutischen Vorspiels, ein Anwalt in einer Zivilklage. Dabei konnte sich der säumige Kunde nun wirklich nicht beklagen.

Ausweislich der vorliegenden Handakte mit Beweismitteln und Aufzeichnungen der amtierenden Telefonistin führte das Gespräch auch beim Beklagten zu dem von ihm gewünschten Erfolg.

Positiv auch die Erfahrungen, die die Polizei sammelte. Aus einem Ermittlungsvermerk:

Die Firma EroTalk ist der hiesigen Dienststelle als Servicedienstleister für Telefonsex bekannt. Es handelt sich nach den bisherigen Erkenntnissen und Feststellungen um ein ordentlich geführtes Unternehmen mit einer Großzahl von Mitarbeiterinnen.

Und in einer Zeugenaussage hieß es:

Nach verbaler Erregung verließ der junge Mann die Filiale.

Aber um Mißverständnissen vorzubeugen: Ein völlig harmloser Drogeriemarkt war es, dem hier soeben ein erboster Kunde den Rücken kehrte.

Wer es ganz billig, dafür aber kriminell mag, indem er junge Mädchen am Telefon sexuell beleidigt, der muß mit unerwünschtem Rückruf rechnen.

Ich fragte ihn nach seinem Namen, worauf er sofort nach meinem fragte. Ich sagte ihm, daß ich die Mutter bin, von der Nummer, die er immer anruft.

Freunde Freud'scher Fehlleistungen dürften jetzt auf ihre Kosten kommen. Anwaltlicher Vortrag für die Noch-Ehefrau in einem Scheidungsverfahren. Zunächst hatten die Parteien sich nicht nur räumlich, sondern auch örtlich getrennt gehabt.

Nunmehr ist der Antragsgegner aber hier aufgetaucht und hat erklärt, er habe sich im Ort eine Wohnung gesucht. Doch nicht nur dies, vielmehr hat er Kontakt zu den Mitmietern im Haus der Antragstellerin aufgenommen und sogar von draußen aus (damit die ganze Nachbarschaft mithören konnte) die Antragstellerin bösartig verleumdet und behauptet, sie sei eine Hure, die auch dazu noch in ihrer Mietwohnung ihrem Gewerbe nachgehe.

Der Antragsgegner hat ferner angekündigt, er würde die Antragstellerin beobachten, insbesondere auch welche Männer dort bei ihr kommen, um dann deren Ehefrauen Nachricht geben zu können.

Hierzu paßt uneingeschränkt diese polizeiliche Einschätzung aus einem anderen Verfahren:

Es folgen Schriftstücke, die die Anzeigeerstatterin mit der unbedingten Bitte um Beiheftung zum Vorgang abgegeben hat. Bei Durchsicht läßt sich unschwer feststellen, daß es sich in diesen Angelegenheiten um einen «Rosenkrieg» allererster Klasse handelt.

Weil die Kindesmutter ihn als Erzeuger angegeben hatte, wurde ein Mann auf Unterhalt in Anspruch genommen. Der aber sah das gar nicht ein, wähnte er sich doch als nur ein Glied in einer wahren Liebhaberkette.

Ich werde aus persönlichen Gründen die Verantwortung für ein zusammengesuchtes Kind nicht übernehmen. Denn die Richter können auch nicht sagen, wenn sie sich auf eine Kreissäge setzen, welcher Zacken sie gepiekt hat.

Solche Konstellationen bescheren übrigens Anwälten, die in Mathematik bewandert sind, knallharte Argumente.

*Bei drei potentiell in Betracht kommenden Vätern ist die Wahr-
scheinlichkeit, daß mein Mandant der Kindesvater ist, durchaus
gering.*

In einem anderen Fall sollte ein anonymer Brief an das Gericht
offenbar das untermauern, was die Juristen die Einrede des
Mehrverkehrs nennen.

*Es ist kein Geheimnis, daß sich die Kindesmutter auf der
Goetheallee rumtreibt und sich mehrfach anderen zum Geschlechtsverkehr angeboten hat, auch mir persönlich, ich aber
leider verheiratet bin und dieses nicht von anderen benötige, um
auch dafür zu bezahlen.*

Ein Familiengericht hatte auf besagte Einrede hin der Frage
nachzugehen, ob eine Kindesmutter in der sogenannten gesetzlichen Empfängniszeit noch mit anderen Männern Verkehr
gehabt hatte, und setzte einen entsprechenden Beschluß ab. Es
kamen aber wohl zwei Dinge zusammen: eine miserable Klang-
qualität des Diktats und völlige Unerfahrenheit der Schreibkraft. Zu lesen war nämlich:

*Es soll Beweis erhoben werden, ob die Kindesmutter in der ent-
setzlichen Gefängniszeit...*

Zum wiederholten Mal stand eine Mutter wegen Unterhaltspflichtverletzung vor Gericht, doch ging die Verhandlung diesmal glimpflich aus, wie der Staatsanwalt in seinen Handakten
vermerken konnte:

*Die Angeklagte ist eine alte Prostituierte («Hinke-Elli») mit
Hüftleiden und anderen Krankheiten und schwindendem Verdienst. Sie wurde <u>heute</u> am Tag der Hauptverhandlung 44 Jahre
alt und sitzt zur Zeit wegen Unterhaltspflichtverletzung ein. In
der vergangenen Zeit hat sie immerhin – geringe – Beträge ge-
zahlt. Die Kinder (18 und 21 Jahre) verdienen inzwischen selbst
oder könnten es jedenfalls. Daher Einstellung gem. § 153 II StPO.*

Verraten sei noch, daß sich dieses Zitat bereits als Fußnote in meiner Dissertation findet (bei ansonsten seriöser kriminologischer Forschung). Mein Hang zur Veröffentlichung von Stilblüten und Kuriosem brach sich also schon damals Bahn.

Die Sitten im Rotlichtmilieu sind rauh. Geht etwa eine Begegnungsstätte in Flammen auf, so stellen sich der Polizei viele Fragen. War es wirklich nur ein Unglücksfall, bloße Nachlässigkeit oder doch ein heißer Abriß nach der bewährten Methode: hoch versichern und tief anstecken oder gar ein konjunkturregelnder Anschlag der mißgünstigen Konkurrenz?
Etlichen Spuren ist dann nachzugehen. Sind beispielsweise von Fahrzeugen möglicher Zeugen nur Kennzeichenfragmente bekannt, muß eine Vielzahl von Personen angeschrieben werden. Hier eine Antwort in mustergültiger Form, die in jedem Polizisten Freude an der Ermittlungsarbeit wecken dürfte.

Wer hat das nur ausgeheckt
und's Rote Herz kurz angesteckt?
Solche bösen, schlimmen Sachen
kann man doch nicht einfach machen.

Die Polizei muß sich nun schinden,
Täter auch herauszufinden
für's Geschehen an den Luden
und ihren heißen Rotlicht-Buden.

Zeugen suchen, Autos checken,
der Dienst, der ist kein Zuckerschlecken.
Sie zu blockieren, liegt mir fern,
wenn ich's könnte, hülf ich gern.

In meinem Alter, da ist Sex
nur noch höchst seltener Reflex.
Ich sage, wie es wirklich ist:
weiß nicht mal, wo die Bude ist,

die Ende Juli angesengt,
an der so mancher Freier hängt

und der sich nun Gedanken macht:
wohin jetzt mit der Manneskraft?

Leider (Gott sei Dank) muß ich Ihnen sagen,
daß ich in jenen Feuertagen
mit meinem eig'nen Pkw,
dunkelblau, von BMW,

und meinem angetrauten Schatz
befand mich auf dem Campingplatz
an der See, in Pelzerhaken
mit Sonnenmilch und Badelaken.

Das war zu uns'ren Urlaubstagen.
Drum kann ich Ihnen ehrlich sagen:
Als bei Euch der Puff gebrannt,
lag ich am schönen Ostseestrand.

Als allerdings in einem anderen Fall ein Kennzeichen nur derart dürftig erinnert wurde, daß die vom Kraftfahrt-Bundesamt mitgeteilten Möglichkeiten in die Zigtausende gingen, sparte die Polizei ihr Porto:

Bei dieser Sachlage erscheint die Aussicht auf Erfolg aussichtslos.

18. Moral

Die Stilblüten dieses Kapitels mögen uns einen kleinen Eindruck davon vermitteln, wie sehr sich doch im Laufe der Zeit moralische und gesellschaftliche Ansichten und Gepflogenheiten, auch rechtliche Prämissen, verändert und liberalisiert haben. Zum Teil geht es auch nur darum, Ihnen die damalige Amtssprache beim Anpacken heikler Themen vorzuführen.

Hier zwei Polizeivermerke aus den frühen Sechzigern:

Er gibt zu, mit der Schmidt in Verkehr gestanden zu haben. Sein Verkehr mit der Schmidt erstreckte sich nur auf die Nachtstunden, weil diese sich in ihrer Stellung als Inhaberin einer Gastwirtschaft nicht mit einem Melker hätte zeigen können.

Und über eine Jugendliche hieß es:

Infolge ihres Alters – Puberzitätsalter – ist sie in sittlicher Hinsicht etwas temperamentvoll und versucht, mit jungen Leuten Anschluß zu knüpfen. Sie ist in ordentlichen Händen und wird in jeder Hinsicht erzogen.

Ende der fünfziger Jahre entstand dieser Polizeibericht in einem Ermittlungsverfahren wegen Verführung einer noch nicht 16jährigen:

Die Geschädigte, die schulpflichtige Ina R., ist für ihr Alter gut entwickelt. Nachdem der Beschuldigte sie zum ersten Geschlechtsverkehr gebracht hatte, dürfte es für ihn für den weiteren Verkehr leicht gewesen sein, den ungenierten Hemmungen der schulpflichtigen R. nachzugehen.
Die Ermittlungen haben ergeben, daß die Tochter gegenüber ihrer Mutter sehr frech ist und sich nichts mehr sagen läßt. Dies

alles dürfte mit dazu beigetragen haben, daß die Tochter hemmungslos ihren sittlichen Befriedigungen nachgegangen ist und diese bei dem Beschuldigen gesucht und auch gefunden hat.
Es dürfte in Erwägung zu ziehen sein, um die Verführte sittlich wieder zu entwöhnen, daß sie eine fremde Erziehung bekommt.

Führungsbericht der Polizei über einen Schüler:

Um über den Schüler Klaus K. ein erschöpfendes Urteil zu bekommen, wurde mit dem Klassenlehrer Rücksprache genommen. Danach ist Klaus K. geistig nicht besonders veranlagt. Er ist zu Ostern nicht versetzt worden. Seine Leistungen erreichen kaum das Ziel der Volksschule. Im übrigen ist er aber vorlaut und neigt zu Widersprüchen.
In geschlechtlicher Hinsicht dürfte er schon etwas aufgeklärt sein. In diesem Zusammenhang wurde in Erfahrung gebracht, daß Klaus K. schon wiederholt mit der Ziege zum Bock geschickt worden ist.

Das Thema Kondome gehört heute, nicht zuletzt wegen der Aidsgeißel, zum schulischen Unterrichtsstoff. Mir ist bekannt, daß jemand noch in den sechziger Jahren von der Realschule flog, nur weil man auf einer Klassenfahrt so ein Ding bei ihm gefunden hatte.

Die folgende polizeiliche Einschätzung stammt ebenfalls aus den frühen Sechzigern:

Meines Erachtens wird bestimmt das Scham- und Sittlichkeitsgefühl in geschlechtlicher Beziehung verletzt, wenn zum Beispiel Kinder mit aufgeblasenen Präservativs auf der Straße spielen, oder wenn diese Präservativs als Karnevalsartikel gebraucht werden, ohne ein überspitztes Scham- und Sittlichkeitsgefühl zu besitzen.

Auch in der Rechtsprechung hat sich bei dieser Thematik einiges geändert. Dazu zwei Beispiele.

Der Bundesgerichtshof urteilte 1959 noch rigid und distanziert (NJW 1959, 1092):

Wer in Warenautomaten an öffentlichen Straßen oder Plätzen Gummischutzmittel (Präservative) feilhält, verletzt Sitte und Anstand schlechthin – gleichviel, ob andere anstößige Umstände noch hinzutreten oder fehlen.

Zwar wurde vom Gericht der Gedanke des Jugendschutzes in den Vordergrund geschoben:

Die Präservative erhalten so, zumal im Angebot neben Gegenständen des täglichen Gebrauchs, den Anschein des Unverfänglichen und Selbstverständlichen. Es muß namentlich bei Kindern und Jugendlichen alle Begriffe von Sitte und Anstand hoffnungslos verwirren und das Schamgefühl zuletzt zerstören.

Dabei war übrigens für den BGH ein Gegenargument die Höhe.

Lebensfremd ist die Meinung, daß ... die Höhe des Einwurfschlitzes über dem Erdboden ausreichende Abhilfe biete. Der Einwurfschlitz, noch so hoch angebracht, ist mindestens Jugendlichen von der beginnenden Reifung ab bei der allgemein bekannten Erscheinung ihrer körperlichen Entwicklungsbeschleunigung mühelos erreichbar.

Neben dem Jugendschutz ging es dem BGH aber offensichtlich auch darum, gleichsam ganze Personengruppen an

nicht naturgemäßem Geschlechtsverkehr

zu hindern:

Kein Geschäftsmann, der sich noch ein Gefühl für Verantwortung und Anstand bewahrt hat, kann ansteckungsverhütende Mittel z. B. Kindern oder Jugendlichen, Schwachsinnigen oder gar Geisteskranken überlassen. Derartiges gerade zu ermöglichen, und zwar vor aller Welt, auf öffentlichen Straßen oder Plätzen, und auf solche Weise sich um leichteren Gelderwerbs willen der Verantwortung mit Hilfe eines verantwortungsun-

fähigen toten Mechanismus zu entledigen, ist unanständig und schamlos.

Demgegenüber das Oberverwaltungsgericht Hamburg in einer Entscheidung von 1990 (NJW 1991, 941). Einem prozessierenden Sozialhilfeempfänger, der behauptete, mit seiner Freundin pro Tag im Durchschnitt 1,7mal Geschlechtsverkehr zu haben, wozu er als Verhütungsmittel Kondome benötige, dafür jedoch mit den insoweit vom Sozialamt bewilligten monatlichen 20 DM keinesfalls auskomme, rechneten die Richter völlig unbefangen und kenntnisreich vor:

Im übrigen braucht der Kläger nicht rund 1 DM für ein Kondom aufzuwenden. Einfache Markenpräservative – und nur darauf besteht sozialhilferechtlich ein Anspruch – gibt es weit unter diesem Betrag, wobei zu berücksichtigen ist, daß der Kläger jeweils 60 DM für ein Quartal erhält, er also preisgünstige Großpackungen kaufen kann. Zugrunde zu legen ist zudem der jeweils preisgünstigste Anbieter. Das werden nicht Apotheken, sondern Warenhäuser, Drogeriemärkte oder Sexshops sein. Es spricht insoweit viel für die Auffassung der Beklagten, daß der Kläger mit 60 DM sogar 150 Kondome, also die von ihm gewünschte Menge erwerben kann.

Daß auch heutzutage der offene Einkauf zuweilen noch gescheut wird, hat wohl eher wirtschaftliche Gründe. Strafanzeige aus dem Jahr 2003:

3 Kinder entwendeten aus der Auslage des Marktes eine Großpackung Präservative für eine 14jährige!!

Klar, daß solche Taten vom Lustprinzip diktiert sind, wenn auch nicht immer so, wie wir uns das vielleicht vorstellen. Aus einer anderen Anzeige:

Entwendet wurden 3 Kondome. Als Grund gaben die beiden 9 bzw. 12 Jahre alten Mädchen an, daß sie daraus Wasserbomben machen wollten und das ginge eben damit am besten.

Die sogenannte Aufklärungswelle mit ihrer Zentralfigur Oswald Kolle brachte in den Sechzigern viele auf ganz neue Ideen.

Aus einem Polizeibericht:

So wurde auch die Zeugin K. verhört, weil V. mit ihr außerehelichen Verkehr gehabt hatte und diese angegeben hatte, V. habe sie geschwängert. Später will sie diese Angaben widerrufen haben und gibt an, daß sie das nur gesagt habe, um ihren frigidären Mann wachzurütteln.

Und die Moral? Gern begegnet sie uns im Doppelpack. So liest man in einem 1963 erschienenen Ratgeber (Gerhard Deesen, Wir heiraten – Rechtsrat für Verlobte und Eheleute):

Bricht ein sonst einwandfreier Mann die Ehe und ist er der fremden Frau nicht etwa hörig, so läßt sich die Ehe oft wieder einrenken.
Bricht eine sonst einwandfreie Frau die Ehe, so zerstört sie die Ehe unheilbar.
Eine normale Frau liebt e i n e n Mann, ein normaler Mann kann Beziehungen zu mehreren Frauen haben, ohne daß sein Seelenleben darunter leidet.

Ein Musterbeispiel dafür, wie Mann die (an)genehme Moral definiert.

Vorbei sind glücklicherweise die Zeiten, in denen die Rechtslage schwangere Frauen im Konfliktfall in die Hände von sogenannten «Engelmacherinnen» trieb, wo so etwas wie ein Irrigator (ein Spülapparat) zum Einsatz kommen konnte.

Aus der polizeilichen Aussage einer Beschuldigten Anfang der fünfziger Jahre:

Wenn im Ort erzählt wird, daß ich bei Frau H. einen Eingriff gemacht habe, so streite ich das ganz entschieden ab. Ich habe das weder bei Frau H. noch bei irgendeiner anderen Frau gemacht oder auch nur versucht. Ich besitze weder eine Ohrenspritze noch einen Alligator.

Auch die folgende Zeugenaussage unterstreicht die Gefährlichkeit solch Kurpfuschertums:

Bei schwierigen Fällen hat auch der Mann die Abtreibungen vorgenommen. Dieses machte er durchschnittlich sonntags, wenn er nicht zur Arbeit war.

Das, was sich früher häufig so sittsam hinter dem Sammelbegriff «sittlich» zu verstecken suchte, wird heutzutage offen angesprochen und bei Vernehmungen auch schon mal drastisch zu Protokoll gegeben.

So hatte im folgenden Fall aus den neunziger Jahren ein Polizeibeamter zwar unerschrocken protokolliert, glaubte aber, derart Unverblümtes letztlich doch nicht ohne erläuternden Zusatz abliefern zu können. Schließlich würde auch Frau Staatsanwältin die Akten noch zu Gesicht bekommen. Und so fand sich am Ende der Vernehmung diese, der Entschärfung dienende

Anmerkung: ficken = volkstümlicher Ausdruck für vögeln.

19. Auf gut deutsch

Vor jeder Vernehmung eines ausländischen Tatverdächtigen ist zu prüfen, ob eine ausreichende Verständigung gewährleistet ist. Ein positives Ergebnis legt man dem Befragten am besten selbst in den Mund. Aus einem Protokoll:

Ich bin der deutschen Strafe mächtig.

Je schwieriger die Verständigung, desto genauer wird ein Vernehmungsbeamter aufs Wort horchen.

Diese Tag ich fahre mit Ali nach Stadt und holen Freund. Ali fahre, ich sitze neben. Vor uns Lkw fahren, Ali überholen, auch Motorrad überholen – weißt du?
Vorhalt: Also, vor Ihnen fuhr ein Motorrad und ein Lkw, die Ali beide überholen wollte, ist das richtig?
Antwort: Ja, ist richtig. Ali kann sehen frei, 200 m, langsam fahren, dann drehen. Straße naß, naß macht Auto drehen. Ali fahren 45, 50, nix schnell, an anderes Auto Spiegel fahren. Nix schlimm.
Frage: Woher wissen Sie, daß Ali 45–50 km/h gefahren ist?
Antwort: Ich fühle, er gefahren so langsam, nix schnell.

Und als Polizist einfach mal die Sprachbarrieren niederreißen? Das klingt dann zwar keinen Deutsch besser, aber sein Gegenüber wird es ihm mit Einsicht danken.

Frage: Du gerade gemacht zappzerapp bei Magazine C&A eine Hemd?
Antwort: Ja, ich gemacht zappzerapp. Ich weiß, nix gut zappzerapp, is Scheiße. Ich nix mehr mache!

Für die erfolgreiche Integration hier lebender Ausländer leisten nicht zuletzt ihre Anwälte Wesentliches.

Wir hatten ausdrücklich darauf hingewiesen, daß der Beschuldigte die Stellung eines Asylfolgeantrages beabsichtigte, der durch unser Büro vorbereitet werden sollte. Dazu bedurfte es jedoch unter anderem einer Übersetzung des Beschuldigten in die deutsche Sprache.

Die Jugendgerichtshilfe scheut ebenfalls keine Mühe, wenn es gilt, einen jungen Deutschen, der Probleme mit den vom Jugendrichter aufgebrummten Arbeitsstunden hat, auch sprachlich auf den rechten Weg zu bringen.

Zum Schluß wurde der Heranwachsende ungeduldig und erklärte, er werde morgen ins Gericht «nach Künnecke» gehen, um die Sache zu klären. Ich erwiderte, daß er dies vernünftigerweise tun sollte, allerdings hieße es «Herr Künnecke» und «zu Herrn Künnecke». Der Heranwachsende erwiderte, ihm sei scheißegal, wie das heiße.

In anderen Fällen ist es gerade die Jugend, der fehlerhaftes Deutsch zuwider ist. Daß schlichtes Schweigen allerdings unweigerlich zur Rechtskraft führt, bedenkt sie dabei nicht.

Aus dem beherzten Einspruch gegen einen Bußgeldbescheid:

Ich schäme mich das dass Abteilung von Bekämpfung illegaler Bescheftigung und das Amtsgericht muss sich mit mir beschäftigen. Fileicht war ich der letzter illegaler.
Mit Freundlichem Gruß
P. S. Meine Kinder sagen ich soll keine Briefe schreiben, das ich nicht richtig mich Ausdrücke und keiner mich versteht. Entschuldige.

Kinder sind im allgemeinen wißbegierig und lernfreudig, und so erklärt sich der Unmut dieser Schülerin von ganz allein.

Ich habe mich an diesem Tag über den Lehrer geärgert. Er hat uns nämlich nichts gelernt.

Andere lassen erkennen, daß die Schuld eher bei ihnen selbst zu suchen ist. Ein Polizeibeamter über einen Jugendlichen:

Seit Beginn der 10. Klasse haben sich nach seinen eigenen Angaben seine Leistungen verschlechtert, da es an Lernfleiß und mangelnder Beteiligung am Unterrichtsgeschehen fehlt.

Unser Jugendgerichtsgesetz gibt einem Jugendrichter eine breite Palette von Reaktionsmöglichkeiten an die Hand. Fällt seine Sanktion jedoch zu sehr nach Art eines Deutschlehrers aus, steht die Freiheit auf dem Spiel.

Der Verurteilten wird aufgegeben, am 30. September, am 31. November und am 31. Januar jeweils einen mindestens 3 Seiten langen handschriftlichen DIN-A 4 Bericht über ihre Lebenssituation und Bemühungen über Ausbildungsplätze unaufgefordert vorzulegen.
Für den Fall, daß die Berichte nicht pünktlich eingehen, wird bereits jetzt Beugearrest von zunächst zwei Wochen angeordnet.

Dritter Bericht, dritte Seite oben:

Ich hab leider absolut keine Ahnung, was ich Ihnen noch schreiben kann, denn in den letzten Briefen stand ja eigentlich schon alles drin. Wenn Sie jetzt ein Freund wären oder so, würde mir ja was einfallen, aber so? Wenn ich Ihnen von meinem blöden Onkel erzähle, der alles besser weiß, bei dem der Himmel lila ist und der auch damit Recht hat oder so, interessiert Sie das bestimmt nicht. Leider – da könnt ich Stunden drüber schreiben.
Sein Sie bitte nicht sauer, weil es nicht ganz 3 Seiten sind.
Und bitte, geben Sie mir eine letzte Chance und stecken mich nicht in das Gefängnis! (Bitte, bitte, bitte)

Mit vielen lieben Grüßen

Als ein Amtsgericht einen Zeugen aus Dänemark zur Beweisaufnahme vorlud, hatte der zunächst noch einige Fragen auf dem Herzen.

Ist das ein einladung wann ich lüst haben. Ja/Nein
Ist das ein befehl. Ja/Nein
Wir konnt mann von Flughafen/Hauphtbahnhof nach Ahrens-
burg mit zug oder muss man ein wagen verleihen? (mieten)
Gibt's ein hotel in Ahrensburg?
Ich speche ein parsweise selstgelernt bierstube deutch. Soll ich
ein übersetser haben, oder ist dass genug was ich selbst erklären
Ich können vielleicht nicht die sprache ein rechtanwaltdoktor
verstehen.

Selbst aus Übersee trifft zuweilen Post beim Amtsgericht ein,
hier sogar mit deutscher Übersetzung. Die allerdings sei, so hieß
es einschränkend, «non-professional».

Danke für Ihre Mitarbeit über dem Telefon. Ich bin ein Rechts-
anwalt in New York, morgens ein Bürger des Europäischen
Union, und ich stelle entfernte Verwandte von Martha Müller in
Münster dar, dessen Ehemann letzten Monat starb.
Ich möchte, wenn Sie informieren mich freundlich als wurden
(Datum) und wo (Adres) das Verfahren hinsichtlich der Erb-
schaft stattfindet. Wer der Richter ist und wenn es irgendein
Telefon gibt, Telefax und E-mail kann mit ihn an in Verbindung
getreten werden?
Im voraus danke ich Ihnen sehr viel für Ihre Antwort und mor-
gens, die traurig ist, daß mein Deutsch nicht gut ist.
Mit Respekt

(Im Englischen steht «am» für «bin», «a. m.» dagegen für «morgens». . . . In advance I thank you very much for your response
and am sorry that my German is not good.)

Normalerweise besteht die Aufgabe eines Dolmetschers ausschließlich im Übersetzen und sonst nichts. Die Justiz traut
Dolmetschern aber offenbar noch ganz andere Fähigkeiten zu,
zum Beispiel besänftigenden Einfluß bei Ehekonflikten.

Gerichtlicher Beschluß:

… wird der Antrag des Angeklagten, ihm zu gestatten, daß er mit seiner Ehefrau bei zukünftigen Besuchen in der Justizvollzugsanstalt Gespräche in albanischer Sprache führen kann, zurückgewiesen.
Gleichzeitig wird dem Angeklagten gestattet, Gespräche mit seiner Ehefrau in Gegenwart eines Dolmetschers zu führen.
Es wird abgelehnt, die Kosten des Dolmetschers der Landeskasse aufzuerlegen.

Gründe:

Das Gericht hat seinerzeit gestattet, daß der Angeklagte Gespräche ohne Dolmetscher in Gegenwart seiner Ehefrau führen kann. Dies hat der Angeklagte dazu genutzt, seine Ehefrau zu verprügeln. Es ist nicht einzusehen, daß auf Kosten des Steuerzahlers jetzt ein Dolmetscher bezahlt wird. Es ist ebenfalls nicht einzusehen, daß dem Angeklagten weiterhin Gelegenheit gegeben wird, in der Justizvollzugsanstalt seine Ehefrau zu verprügeln.

Aber auch Deutsche benötigten manchmal dringend jemanden, der ihnen was übersetzte.

Der Arzt hätte mir diese Tabletten nicht verschreiben dürfen, denn dagegen bin ich algerisch.

20. Erwürgte Beschlüsse

Um Vertipptes soll es in diesem Kapitel gehen und um Stilblüten, die beim Umsetzen von Diktaten entstanden sind, nach dem Motto: geschrieben wie gehört.

Wenn Eheleute eine Neuorientierung in der Weise vornehmen, daß der Ehemann sich dauerhaft auf die Seite seiner Freundin schlägt und deren Lebensgefährte wiederum den verwaisten Platz an der Seite der Ehefrau einnimmt, so haben die Ehepartner sich gewiß auseinandergelebt. Vom Anwalt wurde es noch unverblümter ausgedrückt:

Wenngleich es für das Ehescheidungsverfahren nicht von Bedeutung ist, da die Eheleute sich auseinander gelegt haben und beide die Ehescheidung begehren, ist doch klarzustellen, daß letztlich die Parteien einen Partnertausch vorgenommen haben.

Heute gilt im Scheidungsrecht das Zerrüttungsprinzip. Zu einer Zeit, als die Gerichte sich noch mit verschuldeten Scheidungsgründen herumzuplagen hatten, entstand die folgende Stilblüte.

Ein Mann mit südländischem Charme hatte hier zwar Arbeit, aber noch keine Partnerin gefunden. Als sich das zuweilen änderte, wurden sie vom Ehemann erwischt.

Die Beklagte hat sich ehewidrig verhalten. Sie hat in ihrer Anhörung nicht in Abrede genommen, sich mit einem Gastabreiter eingelassen zu haben.

Ein türkisch-deutsches Wörterbuch der Rechts- und Wirtschaftssprache übersetzt übrigens die türkischen Worte für «Zerrüttung der Ehe» mit *geschüttelte Ehe.*

Äußerst trickreich versuchte jemand, die Bezahlung eines Buß-
geldes dadurch zu vermeiden, daß er dem Landkreis eine fin-
gierte Erklärung mit einkopierter amtlicher Unterschrift ent-
gegenhielt, wonach eben dieser Landkreis auf die Forderung
bereits verzichtet habe. Alles sorgfältig ausgetüftelt und trotzdem ein Flop. Weshalb? Nun, es handelte sich um eine

Verziechtserklärung.

Seit einer Reihe von Jahren steht nun sowohl im Jugend- als
auch im allgemeinen Strafrecht der Täter-Opfer-Ausgleich als
ein Instrument der Konfliktschlichtung zur Verfügung. Die
Abkürzung – TOA – ist in Fachkreisen ebenfalls geläufig. Als
das noch nicht der Fall war, vermutete eine Schreibkraft offenbar einen datenschutzrechtlichen Hintergrund.

In diesem Verfahren soll der Theo A. durchgeführt werden.

Bei einem TOA sitzen sich Täter und Geschädigter schließlich
in einem Ausgleichsgespräch gegenüber. Dabei schilderte ein
Mofadieb, wie sehr er das Vehikel benötigt hatte, um einen
wichtigen Termin wahrzunehmen.

Das weckte Verständnis beim Opfer:

Wenn ich gewußt hätte, daß du das Mofa so dringend brauchst,
hätte ich es dir auch so gegeben.

Einsicht des Täters:

Wenn ich gewußt hätte, daß du es mir so gibst, hätte ich es dir
nicht geklaut.

Ob die Teilnehmer eines TOA die Konfliktlösung aus ganzem Herzen anstreben oder beim Ausgleichsgespräch nur mit
halbem Ohr hinhören, ist nicht zuletzt eine Frage des Sachverhalts.

Die bisherigen Verlobten gerieten in Streit, schlugen und bissen sie gegenseitig. Die Frau trug eine Schürfwunde am Hals davon, dem Mann wurde das Ohr durchbissen.

Der Verhältnismäßigkeitsgrundsatz spielt in der Juristerei eine wichtige Rolle, nur bei Bauordnungsmaßnahmen scheint er verkümmert, ja unbekannt zu sein. So radebrechte man im Index des Nachschlagewerks «Baurechtssammlung»:

Abbruchverfügung und verhältnismäßig Karlsgrundsatz.

Die Hinweise für die 20. Ergänzungslieferung zur Rechtshilfeordnung für Zivilsachen präsentierten im Länderteil einen neuen Staat, der buchstäblich gute Aussichten auf die Rechtsnachfolge des bereits nicht mehr erwähnten Panama hat:

Panorama.

Mündliche Verhandlung in einer Wettbewerbssache. Die anwesenden Kontrahenten überhäufen sich wechselseitig mit Vorwürfen. Die Beklagte soll versucht haben, den Kläger aus einem exklusiven Vertriebsvertrag für Deutschland herauszudrängen. Die Wogen gehen hoch. Davon zeugt auch das Protokoll:

Der Kläger erklärt, die Beklagte werde ihr blaues Wunder erleben, wenn sie den Explosivvertrag weiter mißachte.

Verbissener Streit um die Auszahlung eines hälftigen Guthabens nach Auflösung einer Gesellschaft. Auch der Staatsanwalt wird ausgiebig bemüht, kann aber keine Straftat feststellen. Noch ganz unter dem Eindruck des Gezerres spricht sein Einstellungsbescheid von einer

Auszahlung des heftigen Auseinandersetzungsguthabens.

In Verfahren nach dem Bundesentschädigungsgesetz geht es um den Ausgleich für nationalsozialistisches Unrecht. Da können also durchaus historische Begriffe zur Sprache kommen, beispielsweise das «Reichsprotektorat Böhmen und Mähren». Eine Schreibkraft hielt das offenbar für eine Lebensmittelrationierung in schlechten Zeiten:

Reichsprotektorat Rüben und Möhren

Über einen gewerkschaftlichen Zusammenschluß straffällig gewordener Mitbürger könnte man nachdenken. Hier tat es ein Verteidiger bzw. in Wahrheit seine Sekretärin, und der Chef ließ es durchgehen:

Ich will nochmals eindeutig darauf hinweisen, daß sämtliche gegen den Antragsteller ergangenen Urteile gemäß § 56 des DGB zur Bewährung ausgesetzt wurden.

Gemeint war das StGB, also das Strafgesetzbuch, worin auch steht, wann ein Strafrest zur Bewährung auszusetzen ist. Mit Anarchieerprobung hat das aber nichts zu tun, meine Herren Verteidiger!

... beantragen wir unter Bezugnahme auf den Antrag unseres Mandanten die vorzeitige Haftentlassung und die Aussetzung des Strafrechtes zur Bewährung.

Exhibitionisten halten immer Ausschau nach diesem ganz speziellen Blickkontakt. Offenbar dies und pädagogische Konsequenzen vor Augen, hieß es in der Anklageschrift zum persönlichen Werdegang eines Raushängers:

Er observierte die Grund- und Orientierungsstufe, wofür er zur Hauptschule wechselte.

Ein Branchenkollege erkannte immerhin:

Exhibitionismus hat in der heutigen Zeit keine Lobby und ist als sehr verpönt anzusehen.
Ich als Leihe kann aber sehr schlecht beurteilen, ob ein Therapeut speziell für mein Problem kompetent ist.

Von einer Freveltat ganz ungewöhnlicher Art erzählt dieses Protokoll:

Weil der Beschuldigte keinen Unterhalt zahlte, war ich gezwungen, Gerichtsbeschlüsse zu erwürgen.

Mord in mittelbarer Täterschaft, denn ohne die sächsische Mundart des Diktierenden wären die Beschlüsse bestimmt noch am Leben.

Und auf demselben dialektischen Prinzip beruht womöglich auch dieses modische Wagnis:

Der Angeklagte erschien in Bekleidung seiner Frau.

21. Vorderpfälzische und andere Spezialitäten

Ein angeblich in Israel geborener und angeblich in Spanien lebender Beschuldigter mit angeblicher Wohnanschrift in den USA, jedoch offensichtlich gefälschtem Paß, stiftete bei seiner Vorführung vor dem Haftrichter weitere Verwirrung:

... Ich bin dann nach Frankreich gegangen. Ich bin professioneller Leichtathlet.
Auf Vorhalt: Ich laufe 100 Meter.
Auf Vorhalt, in welcher Zeit er diese 100 Meter läuft: In 4 Minuten.
Auf Vorhalt, daß seine Angaben unglaubhaft seien und daß es ausgeschlossen sei, daß er dafür Geld bekomme: Als ich schnell war, habe ich 6000 Franc vom Präsidenten bekommen.

Leute aus dem eigenen regionalen Umfeld versteht ein Gericht dagegen deutlich besser in den Griff zu bekommen und einzuschätzen.

Dazu die Ausführungen des Landgerichts Mannheim über einen Mann, der als Belastungszeuge in einem Falschaussageverfahren gegen seinen ehemaligen Arbeitgeber aufgetreten war (NJW 1997, 1995):

Dies sind jedoch nicht die einzigen Bedenken, die man gegen den Zeugen haben muß. Er gab sich zwar betont zurückhaltend, schien bei jeder Frage sorgfältig seine Antwort zu überlegen und vermied es geradezu betont, Belastungstendenzen gegen den Angeklagten hervortreten zu lassen, indem er in nebensächlichen Einzelheiten Konzilianz ja geradezu Elastizität demonstrierte, im entscheidenden Punkt, der – für ihn vorteilhaften – angeblichen mündlichen Genehmigung des beantragten Urlaubs aber stur blieb wie ein Panzer.

Man darf sich hier aber nicht täuschen lassen. Es handelt sich um eine Erscheinung, die speziell für den vorderpfälzischen Raum typisch und häufig ist, allerdings bedarf es spezieller landes- und volkskundlicher Erfahrungen, um das zu erkennen – Stammesfremde vermögen das zumeist nur, wenn sie seit längerem in unserer Region heimisch sind. Es sind Menschen von, wie man meinen könnte, heiterer Gemütsart und jovialen Umgangsformen, dabei jedoch mit einer geradezu extremen Antriebsarmut, deren chronischer Unfleiß sich naturgemäß erschwerend auf ihr berufliches Fortkommen auswirkt. Da sie jedoch auf ein gewisses träges Wohlleben nicht verzichten können – sie müßten ja dann hart arbeiten –, versuchen sie sich «durchzuwurschteln» und bei jeder Gelegenheit durch irgendwelche Tricks Pekuniäres für sich herauszuschlagen. Wehe jedoch, wenn man ihnen dann etwas streitig machen will! Dann tun sie alles, um das einmal Erlangte nicht wieder herausgeben zu müssen, und scheuen auch nicht davor zurück, notfalls jemanden «in die Pfanne zu hauen», und dies mit dem freundlichsten Gesicht.

Es spricht einiges dafür, daß auch der Zeuge mit dieser Lebenseinstellung bisher «über die Runden gekommen ist». Mit Sicherheit hat er nur zeitweise richtig gearbeitet. Angeblich will er nach dem Hinauswurf durch den Angeklagten weitere Arbeitsstellen innegehabt haben, war jedoch auf Nachfrage nicht in der Lage, auch nur eine zu nennen!

Kurzum, die Sache endete mit Freispruch.

Der nächste Fall spielt in Norddeutschland. Nach einem Auffahrunfall war Strafanzeige wegen Unfallflucht erstattet worden, doch gab der Verteidiger zu bedenken:

Mein Mandant kann sich die Strafanzeige nur so erklären, daß sich die Unfallbeteiligten vor Ort gegenseitig nicht richtig verstanden haben. Mein Mandant, der in Plattling geboren wurde, spricht nämlich mit einem starken bayerischen Akzent, so daß er nicht ausschließen kann, daß der Anzeigeerstatter ihn möglicherweise nicht richtig verstanden hat.

Im Bayerischen wird eben manches anders ausgedrückt. So entnahm ich dem Urteil eines bayerischen Amtsgerichts, als Schöffen hätten teilgenommen

Ritter Hubert und Bischof Johann,

weshalb ich auf den ersten Blick tief beeindruckt war von so viel Engagement des Landadels und der hohen Geistlichkeit in der bayerischen Rechtspflege.
Und auf den zweiten Blick? Wer im Norden einfach nur Ludwig König heißt, ist in Bayern schon ein König Ludwig.

Im Harz entstand die folgende Zeugenaussage, die aber womöglich bundesweit einschlägig ist für ländliche Regionen:

An diesem Abend war ich angetrunken, weil ich als Sargträger bei einer Beerdigung fungiert hatte.

Und das Landessozialgericht Schleswig meinte, ebenfalls die Landbevölkerung im Blick (VersR 1969, 184):

Trinkgewohnte Menschen können sich als Fußgänger im Straßenverkehr unter Umständen auch nach erheblichem Alkoholgenuß noch verkehrssicher verhalten und sind auch in der Lage, gewohnte Tätigkeiten, wie das Kühemelken, zu verrichten.

In einer streng katholischen Gegend, die ungenannt bleiben soll, hieß es in einem Ermittlungsverfahren wegen versuchter Vergewaltigung:

Bei seiner Festnahme war in seinem Besitz ein Gesangbuch und ein Damenschlüpfer.

Aus einem Polizeibericht des Jahres 1982:

Als Frau Karge zur Person vernommen wurde, gab sie an, daß sie verheiratet gewesen sei. Die Ermittlungen in der zurückliegenden Zeit und nach der Vernehmung ergaben, daß Frau Karge noch nie verheiratet war.

Demnach sind die Angaben über ihren «Gatten» sowie dessen Beruf falsch.

Wegen des fortgeschrittenen Alters und ihrer starken Religionszugehörigkeit wurde auf eine Anzeige wegen falscher Personalienangaben verzichtet.

Beim Thema Fasching hört für manche der Spaß auf, für Teile der Justiz scheint er dort zu beginnen.

Ein Familienrichter kann nicht deshalb erfolgreich abgelehnt werden, weil er eine Sache auf Faschingsbeginn am 11.11. um 11.11 Uhr terminiert. Selbst wenn sich der Richter dabei einen kleinen Scherz erlaubt hat, ist das für eine vernünftig denkende, gelassene Partei kein Grund, an der Unvoreingenommenheit des Richters in der Sache selbst zu zweifeln. Etwas Humor, zumindest aber Gelassenheit, kann auch von den Streitparteien einer Familiensache erwartet werden.
(OLG München, NJW 2000, 748)

Erst recht darf man also, so der Umkehrschluß, auf Gelassenheit und Humor beim Gericht setzen, selbst fernab der Hochburgen des Frohsinns. Norddeutscher Anwalt an norddeutsches Gericht:

... bitte ich um Verlegung des Termins vom 8. Februar auf einen anderen Verhandlungstermin. Es handelt sich bei dem Dienstag um den Karnevalsdienstag, an dem ich mich noch auf der Rückreise von einer volkskundlichen Exkursion nach Köln befinden werde und der Rechtspflege noch nicht wieder ausgeruht und verhandlungsfähig zur Verfügung stehen kann.

Götz von Berlichingen lebte und wirkte im Fränkischen. Seine durch Goethes Schauspiel berühmt gewordene Aufforderung gilt gemeinhin als Verbalinjurie. Im «Schönke-Schröder», einem renommierten Strafrechtskommentar, lesen wir allerdings, daß von einer Beleidigung nicht automatisch ausgegangen werden dürfe, vielmehr gälten regionale Besonderheiten (Rdn. 8 zu § 185 StGB):

So kann zum Beispiel das Götz-Zitat – jedenfalls in seinem Her-kunftsland – auch als ein durchaus freundschaftlich gemeintes Mittel zur Einleitung, Fortsetzung und Beendigung von Ge-sprächen zu verstehen sein.

Wer anderenorts auf das Zitat dennoch nicht verzichten mag, sollte sich schon etwas einfallen lassen, um das Bestrafungsrisiko zu mindern.

Aus einem Polizeivermerk in einem Fall ständiger Nachbar-schaftsstreitigkeiten:

Hier auf der Wache brachte der Zeuge zum Ausdruck, daß die W. von allen Anliegern der Straße als ein Teufel in Menschenge-stalt empfunden werde, dem nur noch die Hörner fehlten. Jeder sachlichen Auseinandersetzung glaubt die W. dadurch aus dem Wege gehen zu können, daß sie den Leuten ihre Rückseite zeigt, die Kleider stramm zieht und zum Ausdruck bringt, daß man sie «am Arsch lecken könne».

Vor Gericht ist jedoch besondere Vorsicht geboten.

Wenn ein Zuhörer bei einem Gerichtstermin sich bei Eintritt des Gerichts zunächst nicht erhebt, dann aber aufsteht und ihm die Kehrseite zuwendet, so rechtfertigt ein solches Verhalten die Verhängung einer Ordnungshaft.
(OLG Köln, NJW 1984, 446)

Aber nur wem der Schuh paßt, der zieht ihn sich auch an.

Daraufhin erwiderte der Beschuldigte, der Wirt könne ihn am Arsch lecken. Der Geschädigte ging nicht darauf ein und erteilte dem Beschuldigten Lokalverbot.

22. Das Tier im Rechtsleben

Nicht zuletzt aus ethischen Gründen sprechen wir bei Tieren inzwischen von Mitgeschöpfen (§ 1 Tierschutzgesetz), ein Status, der an unsere Verantwortung appelliert und das Gespür für besondere Formen der Fürsorge wecken kann.

In der angemieteten landwirtschaftlichen Halle betrieb der Angeklagte die Zucht und den Verkauf von Geflügel, insbesondere von Hühner- und Entenküken, die er selbst ausbrütete.

Ein Status aber auch, der bei aller Nähe und Nestwärme nicht überstrapaziert werden sollte. Aussage eines Polizeibeamten vor Gericht:

Da habe ich dann genau beobachtet, wie der Angeklagte mit der Ziege den außerehelichen Beischlaf ausführte.

Ob Jäger oder Landwirt – selbst ist der Mann!

Ich verkaufte dem Herrn Bison die Jagdterrierhündin «Hella vom Wesertal». Bereits vor dem Verkauf wurde vereinbart, daß ich mit der Hündin noch einen Wurf machen durfte, damit ich Nachzucht davon habe. Herr Bison war einverstanden. Ich schlug vor, mir die Hitze der Hündin zu melden, alles weitere würde ich machen.

Leider muß ich Ihnen mitteilen, daß ich den Gerichtstermin nicht einhalten kann. Ich bin Landwirt und habe einen Sauenbestand. An diesem Tag und Uhrzeit muß ich ca. 25 Sauen besamen, da mir sonst eine ganze Gruppe ausfällt.

Anderen ist das wider die Natur. Sie beschäftigen Anwälte, um dem Ganzen zu entgehen.

Aus unserer Sicht der Dinge interpretiert der Kläger den Ver-
tragsinhalt falsch. Es ergibt sich aus diesem nicht, daß der Be-
klagte verpflichtet gewesen wäre, die Mutterschafe zu decken
und dafür zu sorgen, daß diese trächtig würden. Eine derartige
Verpflichtung zum Decken ergibt sich aus dem Vertrag nicht.

Übertriebener Sex verdirbt zudem den Charakter, zumindest
den von Kühen, eine Erkenntnis, die Ermittlungen in einem Fall
von Weidediebstahl erbrachten:

Die Rinder waren etwa 8 Wochen gedeckt und niederträchtig.

Immer wieder begegnen wir aber auch Beispielen wahrer, großer
Tierliebe. Allerdings scheint selbst der gutherzigste Mensch den
Tieren noch etwas zu neiden, und sei es nur das Leben.

Aus einem Testament:

1) Frau Meier soll monatlich 175,– DM für Katzenfutter für ihre
   Katzen bekommen.
2) Frau Schmidt soll täglich eine Dose Whiskas (400 g) für her-
   renlosen Kater «Felix» bekommen (oder Geld dafür), solange
   Frau Schmidt lebt (85 Jahre). Danach soll der Kater einge-
   schläfert werden.
3) Falls noch nicht geschehen, sollen mein Kater «Max» und
   meine Katze «Miezi» nach meinem Tode sofort eingeschläfert
   werden.

Nur weil man mit jemandem noch ein Hühnchen zu rupfen
hatte, mußte gleich eine ganze Gans herhalten, als schlagendes
Argument, mit offenbar schlimmen Folgen für dieselbe.

Die Mandantin begab sich in die Scheune, um die geschlachtete
Gans zu holen. Der Beschuldigte ging hinterher, ergriff die Gans
und schlug der Mandantin mit dieser zunächst ins Gesicht. Dar-
auf holte er zu einem zweiten Schlag aus und schlug der Man-
dantin mit voller Wucht die Gans an den Hinterkopf, so daß
diese mit dem Gesicht auf die Scheunentenne stürzte, sich meh-

rere Zähne ausbrach und eine Gehirnerschütterung mit wahrscheinlichem Schädelbruch davontrug.

Keineswegs ungefährlich auch, was eine Gans so von sich gibt. Polizeiliche Ausführungen über Gegenstände, die bei einer Demonstration sichergestellt worden waren:

Zur Beurteilung liegen mehrere Behältnisse mit relativ großen Eiern vor. Offensichtlich handelt es sich um Gänseeier. Aus den o. g. Behältnissen wurde ein Ei zwecks weiterer Beurteilung herausgesucht.
Größe: ca. 9,4 cm Länge, ca. 6 cm Dicke,
Gewicht: ca. 160 Gramm.
Eine Geruchsprobe ergab, daß der Eiinhalt offensichtlich bereits in Fäulnis übergegangen ist. Es handelt sich demnach um sog. «faule Eier».
Ein Verstoß gegen das Bundeswaffengesetz ist nicht erkennbar. Derartige Gegenstände sind als landwirtschaftliche Produkte, die zum Verzehr oder aber zur Zucht bestimmt sind, anzusehen.
Gleichwohl stellen diese Gegenstände bei einer mißbräuchlichen Verwendung als Wurfgeschosse eine erhebliche Gefahr dar. Die Schale von Gänseeiern ist aufgrund des Volumens des Eis und des Inhaltsgewichts um einiges stärker als die Schale «normaler» Hühnereier.

Energieberechnung:

Die im Waffengesetz bezeichnete Energie von sog. Druckluftwaffen beträgt bis zu 7,5 Joule bei waffenbesitzkartenfreien Waffen. Diese 7,5 Joule berechnen sich wie folgt: Ein Körper von 750 Gramm Gewicht wird aus 1 m Höhe fallengelassen. Die Energie, die in Kalibergröße (also z. B. 4,5 mm) auf dem Boden aufkommt, beträgt 7,5 Joule.
Bei den vorliegenden Gänseeiern (ca. 160 g) dürfte diese kinetische Energie mindestens 1,6 Joule betragen. Das ist mehr als das Dreifache der Energie von sog. Soft-Air-Waffen.
Außerdem ist zu bedenken, daß o. g. Gänseeier von Personen direkt mittels Muskelkraft der Rumpf- und Armmuskeln gewor-

fen und erheblich beschleunigt werden. Die Energie dürfte demnach auch höher sein.

Des weiteren hat die Eihülle eine elliptische Form. Ein Auftreffen mit der Spitze auf den unbehelmten Schädel dürfte sowohl in Hinsicht auf die Auftreffenergie (s. o.) als auch in Hinsicht auf das Masseträgheitsgesetz erhebliche Verletzungen verursachen. Eine exakte, gradlinige Wurfbahn (ähnlich der Wurfbahn eines eiförmigen American-Footballs) dürfte nicht möglich sein, da die Eier ungekocht sind.

Es darf auch nicht außer Acht gelassen werden, daß durch die faulen Eier ein Ekelgefühl bei den Beworfenen hervorgerufen werden sollte. Ferner besteht die Gefahr, daß die in Fäulnis (eine Art Gärung) übergegangenen Eier beim Auftreffen auf ein Medium regelrecht explodieren. Krankheitserreger könnten evtl. übertragen werden!

Fazit:

Als Strafbestimmung dürfte §271 Versammlungsgesetz in Betracht kommen.

Da man auch bei Kleinvieh Mist machen kann, stehen Tierärzte im Grunde genommen immer mit einem Bein im Gefängnis.

Aus einer Strafanzeige:

Unser Wellensittich litt lediglich unter einer harmlosen Kropfentzündung, woran kein Wellensittich stirbt!!!
Sämtlichen Tierärzten war bekannt, daß uns unser Wellensittich viel bedeutet, und erhielten von uns den ausschließlichen Auftrag, ihn zu heilen und sein Leben zu retten!!!

Konsequenz:

Wir stellen hiermit Strafantrag und erstatten Strafanzeige

wegen des dringenden Verdachts der vorsätzlichen Körperverletzung unseres Wellensittichs mit Todesfolge, d. h. es besteht dringender Mordverdacht,

wegen des Verdachts der vorsätzlichen Falschbehandlung bzw. unterlassener Behandlung der Krankheit,
wegen Behandlungsfehler und Verabreichung falscher, schädigender Medikamente etc.,
wegen des dringenden Verdachts der unterlassenen Hilfeleistung zur Rettung unseres Wellensittichs,
wegen des dringenden Verdachts der Tierquälerei,
wegen Verstoßes gegen das Tierschutzgesetz,
wegen des Verdachts der ungerechtfertigten Bereicherung und wegen des Verdachts des Betruges.

Im kleintierärztlichen Alltag liegt eben noch manches im dunkeln. Aus einer Strafanzeige der Polizei:

Geschädigter

Name:	**Tierärztliche Klinik für Kleintiere**	
Vornamen:		Staatsangehörigkeit:
Geburtsdatum:		Geburtsort:
Geschlecht:	**unbekannt**	
Wohnort		
Straße:		
Ort:		Ortsteil:

Mausetot war die Meise, die ein besorgter Bürger den Polizeibeamten eines ländlichen Reviers auf die Theke legte. Seine Anzeige richtete sich gegen einen jungen Tunichtgut, der den Vogel per Luftgewehr vom Himmel geholt habe. In der Tat entdeckten die Beamten auch ein Loch in der Meisenbrust. Ob aber des Pudels Kern tatsächlich ein Diabolo-Geschoß war, das würde allein eine Obduktion erweisen können, und eine solche zu veranlassen, baten die Beamten nun ihre kriminalistisch versierten Kollegen in der Stadt. Dort aber geriet, was die Absender nicht ahnen konnten, ihre Meise zum Spaßvogel. Man machte sich nämlich einen Jux daraus, kurzerhand selbst ein hochwissenschaftlich anmutendes Gutachten zu verfassen. Da wurde unter dem Briefkopf

Ornithologische Rechtsmedizin

folgendes ausgeführt:

Auf dem Sezierbrett liegt der Überrest eines einst flugfähigen Vogels. Nach den Markierungen der Schnabelansatzfedern dürfte es sich mit Sicherheit um eine Blaumeise und nicht um eine Kohlmeise handeln.
Anhand des Pickabriebs am Schnabel wird das Alter des Aufwindflüglers auf zwei Jahre bestimmt. Eine Knochenuntersuchung ergab am linken Bein einen deutlich feststellbaren Knirschabrieb, was darauf hindeutet, daß der Vogel eine nicht unkomplizierte Flugschule in seiner Flüggezeit hinter sich hat. Der Vogel wird demnach zuerst vermehrte Linkskurven geflogen und bei Landeversuchen mit dem linken Bein mehrfach zuerst aufgeschlagen sein. Dieser Umstand ist lediglich bei Blaumeisen zu beobachten.

Schließlich und endlich drang das Gutachten auch zum Wesentlichen vor:

Bei der Untersuchung des mutmaßlichen Einschußloches findet sich allerdings keine Luftgewehrkugel. Vielmehr werden Reste eines Dornes festgestellt. Und eine feinmikroskopische Untersuchung des Mageninhalts ergab, daß der Vogel höchstwahrscheinlich Pflaumen gefressen hatte.
Aufgrund der geschilderten Ergebnisse kann davon ausgegangen werden, daß die Blaumeise entweder einem Unfall erlegen ist (beim Anflug auf einen Pflaumenbaum selbst aufgespießt) oder Opfer eines Steinbeißers wurde. Dieser Vogel hat die Manier, Blaumeisen, die in seinem Pflaumenbaum naschen, einfach aufzuspießen. Krallenabdrücke und Schnabelgriff-Spuren des Steinbeißers konnten jedoch leider nicht festgestellt werden.

Als Autor zeichnete ein gewisser

Dr. Erpeierlink,

und wohl auch davon beeindruckt, legten die Revierbeamten völlig arglos die Akten der Staatsanwaltschaft zur Entscheidung vor.

Der zuständigen Dezernentin ging allerdings ein Licht auf. Sie stellte nicht nur das Verfahren gegen den vermeintlichen Todesschützen ein, sondern gab der Polizei auch noch einen zweckdienlichen Hinweis an die Hand: Man möge doch lieber nach dem meuchelnden Steinbeißer fahnden.

Aus einem Polizeireport:

Hinter der Autobahnunterführung sprang ein Hase in suizidaler Absicht aus dem Graben und vor Pkw. Jagdpächter hat Kenntnis.

Es ist schon ein kleines Kunststück, sich derart in die Psyche der tierischen Kreatur einzufühlen. Hier nun gelang es bei einer Kuh, die auf die Straße gelaufen und dort zum Hauptgeschöpf eines Unfallgeschehens geworden war:

Die Schuld an dem Unfall kann keiner der beiden Parteien zugeschrieben werden. Die Ursache des Unfalls ist vielmehr in der Unberechenbarkeit und Sturheit des Rindviehs begründet.

Das führt uns zum Göttinger Bullenfall, der 1970 seine Beteiligten in Atem hielt.

Ein ca. 8 Zentner schwerer Bulle hatte in seiner neuen Umgebung spontan ein unbändiges Unbehagen entwickelt und daraufhin mehrere Seile durchrissen. Man muß es ihm nachsehen, befand er sich doch immerhin im Schlachthof. Nun gab es kein Halten mehr, und um 7.15 Uhr erreichte die Polizei die alarmierende Meldung, vor dem Bahnhof laufe ein Bulle umher.
Ausweislich des Polizeiberichts wurden sofort 4 Beamte nebst 2 Maschinenpistolen und 50 Schuß Munition entsandt.

Als wir ankamen, sahen wir, wie der Bulle in Richtung Busbahnhof lief.
PM Rotermundt forderte mit einem Gigaphon die vor dem Bahnhof stehenden Menschen (ca. 150) auf, den Bahnhofsvor-

platz zu räumen und in die Bahnhofshalle zu gehen. Der Aufforderung wurde nicht gefolgt.

Auf dem Weg zum Busbahnhof versuchte ein Bahnpolizist, den Bullen aufzuhalten, wurde aber vom Bullen beiseite geschleudert und an der Schulter verletzt.

Der Bulle bahnte sich nun einen Weg durch die Menge vor dem Eingang zur Bahnhofshalle, verletzte dabei jedoch keinen.

In einer Ecke des Busbahnhofes konnte der Bulle von PHW Bartels und mir gestellt werden. Wir feuerten jeweils einen Schuß auf den Kopf des Bullen ab, die auch trafen, jedoch nicht tödlich waren. Wir feuerten nun zwei Salven von ca. 6 Schuß auf den Bullen ab. Daraufhin ging der Bulle zum Angriff über. Ich lief in den Schwarzen Weg bis zu einem Parkplatz. Hier konnte ich in Deckung gehen und eine erneute Salve abschießen. Diese war tödlich.

Der tote Bulle, auf den insgesamt 28 Schuß abgegeben worden waren, wurde dann mit einem Wagen zum Schlachthof zurückgebracht.

Als Göttingen Anfang 2001 erneut einen ähnlichen Fall erlebte, zeigte sich der Bulle diesmal hartleibiger. Er brach erst unter einem Kugelhagel von 40 Schuß zusammen.

Sehr zum Leidwesen eines Landwirts waren eine Reihe seiner Tiere zu Schaden gekommen. Der Polizeibericht läßt denn auch erahnen, daß der Bauer sich mit seinem Vieh ausgezeichnet verstand.

Nach Befragen der restlichen 4 Tiere erklärte Herr Hagenbrink, daß diese nicht verletzt worden seien.

Doch so ein Gesprächsfaden kann schnell mal abreißen. Zum Diebstahl zweier Habichte:

Bis heute hat der Geschädigte von den zwei Habichten nichts mehr gehört.

Zum Schluß wird es exotisch.

Herr Dr. Stenzel bittet um Angabe der Anschrift der «Stelle, wo das mit dem Leoparden geregelt wird» in Bonn oder um Rückruf.

So hieß es in einem Geschäftsstellenvermerk, womit wir mittendrin sind in einem Fall, der etliche Adressen der Justiz beschäftigt hat.

Statt vieler lassen wir das hauptleidtragende Amtsgericht zu Wort kommen, das unter der

Geschäftsnummer 3 XVII «Leopard» (stets anzugeben)

einen Bittbrief an das (allerdings auch nicht zuständige) Bundesamt für Wirtschaft richtete:

Sehr geehrte Damen und Herren,
seit mehreren Monaten spricht Herr Dr. Stenzel, ca. 94 Jahre alt, wiederholt im Amtsgericht sowie bei mir als Betreuungsrichterin vor und bittet darum, dafür Sorge zu tragen, daß der «Leopard» an ihn bzw. an sein Schulmuseum ausgeliefert werde.
Vorgeschichte nach den Erzählungen von Herrn Dr. Stenzel:
Sein Freund, ein Herr Schneider, habe in Südafrika (wohl 1991 oder 1992) mit Genehmigung der damaligen Regierung einen Leoparden geschossen. Bei der Einreise in die Bundesrepublik Deutschland sei das Leopardenfell vom Zoll beschlagnahmt worden. Dieses Leopardenfell und den Schädel möchte er nun für sich und sein privates Schulmuseum ausgehändigt bekommen. Weder meine Hinweise darauf, ich sei ein prinzipieller Gegner davon, Leoparden zu schießen, auf das Artenschutzabkommen, darauf, daß das Gericht nichts für ihn tun könne, noch darauf, daß das Fell mit Schädel sicher ausgestellt und somit einer breiten Öffentlichkeit zugänglich gemacht werde, konnten Herrn Dr. Stenzel davon überzeugen, seine Nachforschungen aufzugeben. Da er zeitweise mehrmals pro Woche im Gericht persönlich sowie telefonisch vorspricht, bitte ich Sie herzlich, im Wege der «Amtshilfe» mir mitzuteilen, daß das Fell nicht, wie Herr Dr. Stenzel meint, in irgendwelchen «dunklen Kanälen» verschwunden ist, sondern daß es ausgestellt wird.

Mir ist bewußt, daß diese Bitte ungewöhnlich ist, Herr Dr. Stenzel ist jedoch, abgesehen von seiner Beharrlichkeit in Sachen Leopard, ein liebenswürdiger älterer Herr, dessen Lebensinhalt derzeit auf Nachforschung nach dem Leoparden gerichtet ist.

Das Leopardenfell war jedoch längst, wie es im Amtsdeutsch heißt,

an eine wissenschaftliche Einrichtung zu Lehrzwecken verwertet worden

und blieb deshalb für unseren rührigen Doktor ein unerfüllter Herzenswunsch. Wenn man ihn allerdings selbst einmal hört, wird man den Verdacht nicht los, daß die Sache in Wahrheit ein sehr düsteres Geheimnis barg …

… bitte ich nochmals höflich um Überlassung des beschlagnahmten Leopardenfells mit Schädel von Herrn Schneider für unser naturkundliches Schulmuseum.

Aus C.H.Beck Paperback

Hermann Ehmann
Ich bin da ganz bei Ihnen!
Das Wörterbuch der unverzichtbaren Bürofloskeln
3. Auflage. 2017. 143 Seiten mit 10 Illustrationen. Broschiert
Beck Paperback Band 6169

Adam Fletcher
So sorry
Ein Brite erklärt sein komisches Land
Mit Illustrationen von Robert M. Schöne
Aus dem Englischen von Ingo Herzke
3. Auflage. 2022. 208 Seiten mit 39 Abbildungen. Broschiert
Beck Paperback Band 6298

Hans-Martin Gauger
Das ist bei uns nicht Ouzo
Sprachwitze
2. Auflage. 2007. 141 Seiten. Broschiert
Beck'sche Reihe Band 1679

Eike Christian Hirsch
Ist das Deutsch oder kann das weg?
Schlimme Einfälle und schöne Reinfälle
4. Auflage. 2019. 156 Seiten. Broschiert
Beck Paperback Band 6352

Nicolas Tenaillon
Die Kunst, immer Recht zu behalten
Die besten Tricks der Philosophen
Mit Zeichnungen von Nicolas Mahler
Aus dem Französischen von Grit Fröhlich und Marianna Lieder
4. Auflage. 2022. 159 Seiten mit 20 Illustrationen. Broschiert
Beck Paperback Band 6214

Verlag C.H.Beck München